文化北京图卷

总主编 齐心 范贻光

Pictorial Series of Beijing Culture

The Imperial Gardens

皇家园林

主编 高大伟 范贻光

學苑出版社

目 录

Contents

文化北京图卷

纵览皇家园林

赏析皇家园林

品味皇家园林

珍爱皇家园林

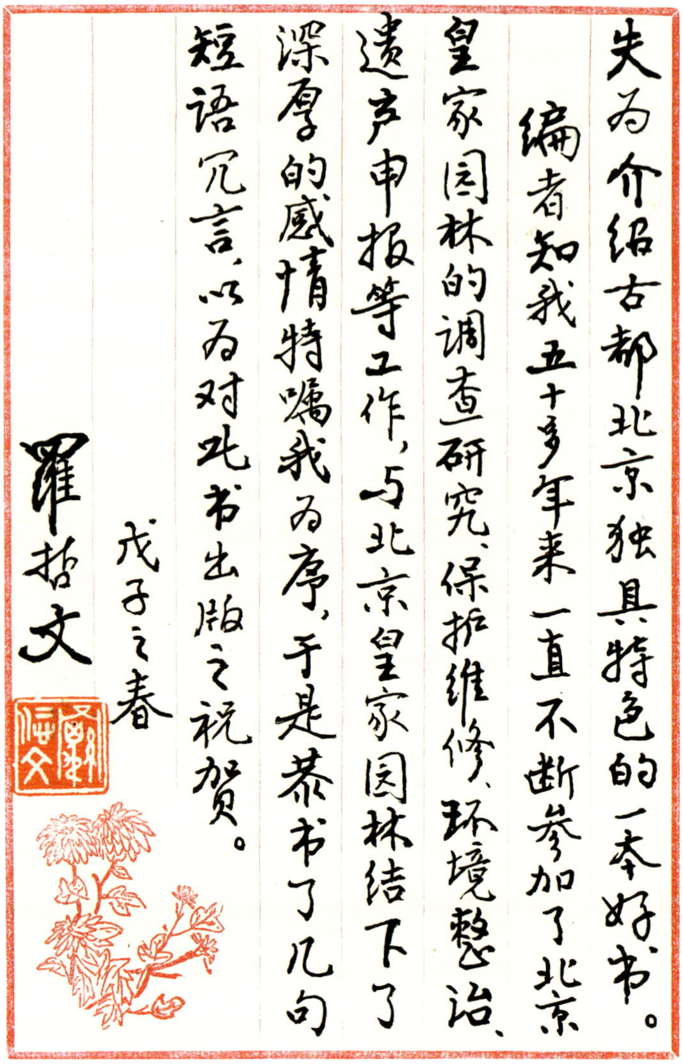
失为介绍古都北京独具特色的一本好书。
编者知我五十多年来一直不断参加了北京皇家园林的调查研究、保护维修、环境整治、遗产申报等工作，与北京皇家园林结下了深厚的感情，特嘱我为序，于是恭书了几句短语冗言，以为对此书出版之祝贺。

戊子之春

罗哲文

Preface

The imperial gardens in Beijing, is the cultural treasures left behind to the ancient capital city for thousands of years, is the masterpiece of the last climax of gardening art in the ancient history of China. Many of them have been listed as the important cultural relic sites under state-level protection or world cultural heritage. They are very precious.

In order to carry forward and promote the historic culture of the ancient capital city of Beijing, the first book The Imperial Gardens, co-edited by Gao Da-weil and Fan Yi-Guan, as the first column of the series of Culture In Beijing with Pictures is about to come out soon. It deals with culture with large quantities of pictures and appreciates the artistic achievements of imperial gardens in Beijing from the perspective of humanity. The body of this book is about the key elements of the imperial gardens, which demonstrate the cultural implications vividly and holistically. It is simple yet penetrating, easy to understand yet having unique characteristics with the pictures. It is supposed to be a good book to

序

北京的皇家园林，是千年古都留下的文化珍宝，是中国几千年悠久造园艺术最后一个高峰的杰作。它们之中不少列入了国家重点文物保护单位或世界文化遗产的名录，弥足珍贵。

为了宣传和弘扬古都北京悠久的历史文化，由高大伟和范贻光先生共同主编的「北京皇家园林」作为「文化北京图卷」系列丛书的第一本即将出版。该书的特点是以画册的形式通过大量图片讲文化，从人文角度品味北京皇家园林的艺术成就，把园林的要素作为重点加以介绍，全方位形象的表现皇家园林的文化内涵。深入浅出，图文并茂，通俗易懂，特色鲜明，不

introduce the ancient capital city of Beijing.

The editors asked me to write the preface since they get to know that I have been working on imperial gardens in Beijing for more than fifty years. I have been participating in the job of investigation, maintenance, environmental renovation, heritage declaration, etc, and I have a deep feeling for the imperial gardens. So I am writing these short sentences as the congratulations for the publication of this book.

Spring of 2008
Luo Zhewen

一、纵览皇家园林

宋代文学家李格非纵观历史发出这样的感慨：天下的治乱，以洛阳的盛衰为标志，洛阳的盛衰，则以园林的兴废为标志。

北京作为五朝帝都的世界历史文化名城，丰富的皇家园林是其重要的组成部分。皇家园林与古都北京紧紧系在一起，不仅经受了历史上的兴衰浮沉，也积淀了丰厚的物质与精神财富，深刻地反映着各个历史时期的政治、经济和科学文化特征，宫殿和园林成为各时代引领京都风骚的文化龙首。

中国古代对山川地形的总体认识是：天下山脉从昆仑山发源，伸向四面八方。在中国境内的三条山脉被先人看做三大干龙，即北干、中干和南干，界分黑龙江、黄河、长江、珠江四大水系，自西而东，延展迤逦，形成中国地理的基本构架。北京位于北干山水交汇聚结之地，背枕燕山，怀抱平原，西接太行，东临渤海，山川俊秀，景象万千。丰富秀美的自然景观资源，为历代城市的建设和修苑造园，提供了极佳的自然山水条件。

北京自周代成为方国都城开始，至今已有3000多年历史，曾是辽、金、元、明、清五朝帝都。北京古典园林与北京城市的发展一脉相承，起造距今有2300多年历史。古代园林一直是以皇家宫苑建设为主线不断发展，与其相随的是坛庙园林、陵墓园林、宅院园林、寺观园林以及名胜风景区的出现。

战国时期，燕昭王在燕都蓟城西郊营建园林风景区。这是北京地区园林的最初形式。秦代出现北京最早的行道树。魏晋时期，今天的莲花池、玉渊潭、紫竹院一带以及万泉庄、什刹海等地区，成为士大夫举行活动和宴集的优美风景区。随着佛教的兴起，又开始出现寺庙园林，门头沟区的潭柘寺是北京最早的寺庙。从此，北京地区的园林形成了帝王宫苑、寺观和邑郊风景园林并行发展的局面。北京现存的著名古刹如法源寺（原悯忠寺）、戒台寺（原慧聚寺）、云居寺都是盛唐时期的代表作。大觉寺是辽清水院寺庙风景区遗存。

金代的中都，是有史以来第一个在北京地区建立的国都，形成了北京皇家园林史上第一次造园高峰，这是为北京地区园林发展奠定基础的时代。香山、玉泉山、莲花池以及金中都皇城西部宫城内的园林建设，以及金章宗对“燕京八景”的择定，一直延续至今，并对全国各地“八景”模式造成影响。元大都时以大宁宫（今北海琼岛）为中心，在皇城内形成宏大的园林景区。在郊区辟有四大放飞泊（今南苑等）猎区。私人园林、寺庙园林蓬勃发展，已具备中国风景式园林的主要特点。

清代康乾时期是北京皇家园林建设的第二次高潮，持续近150年。其规模之大、内容之丰，在中国历史上是罕见的。仅在1738至1774年的三十多年间，新建、扩建的园林总面积已达1500多公顷。经过这一阶段的园林建设，北京优质的山水资源都得到了合理、系统的开发。

17世纪下半叶，世界上出现了三位伟大人物：中国的康熙，法国的路易十四和俄国的彼得。他们属于同一历史时期具有雄才大略的帝王君主，巧合的是三位君主都很关心园林文化建设。中国在“康乾盛世”产生的“三山五园”与法国路易十四所营造的凡尔赛宫，分别代表了东方自然式园林和西方规则式园林的最高水平。

然而两百年后的1860年，英法联军燃起的侵略战火将圆明园连同其他四园一起化为灰烬。所幸“三山五园”中的清漪园浴火重生，成为今天举世闻名的颐和园。其他几座园林的遗址仍较为完好地保存至今，成为人们凭吊、追忆历史的重要场所。

从善因殿俯视永安寺和团城

(一)俯视鼎盛的明清皇家园林

明成祖朱棣，在元大都的基础上建设了新的都城——北京。城市规划沿袭传统的三套城垣，即大城、皇城和宫城的都城模式，皇家园林建设的重点放在大内御苑。

清王朝入关定都北京，最初是完全沿用明代的皇城、宫城和坛庙。来自关外的满族统治者很不习惯北京城内的炎夏溽暑之苦，曾打算在郊野择地另建“避暑宫城”。康熙中叶政局稳定，国力复苏后，选择北京西北郊风景优美、泉水丰沛的地带，陆续建成香山行宫、玉泉山行宫以及清代第一座离宫御苑畅春园。稍后，在承德营建了规模更大的第二座离宫御苑——避暑山庄。到了雍正朝，北京的西北郊建成了另一座离宫御苑——圆明园。1764年，以乾隆皇帝亲自主持完成的清漪园为标志，明清北京的皇家园林体系完全形成。

明、清两代约500年时间，是古都北京按照宏大而周密的城市规划建设和完善的最后定型期，布局特点为：紫禁城居中，向外依次有皇城、内城、外城三道围墙拱卫；全城有一条长达8公里的中轴线纵贯南北，构成城市脊梁。北京皇家园林体系的建设被成功地组合到城市总体规划中，经历了一个由内到外、由点到面的扩张和完善过程。首先是都城宫苑的建设，在原有园林的基础上改建、增建，画龙点睛，逐渐趋于成熟和精致，并承担更多的城市功能，典型如西苑三海和南苑。其次是在都城外，利用原有的园林基础，重新整理城市水系并开辟新的离宫型皇家园林，成为都城功能的延伸部分，如三山五园等。再次，在京畿直至塞外建立新的“避暑宫城”和巡狩猎苑型皇家园林，如避暑山庄和木兰围场。还有就是在更大的范围内，将都城与离宫、重要关口等地用一连串的行宫园林联系起来，成为一个园林规划与都城规划和水系规划相结合、集大成的系统网络。

三山五园图卷

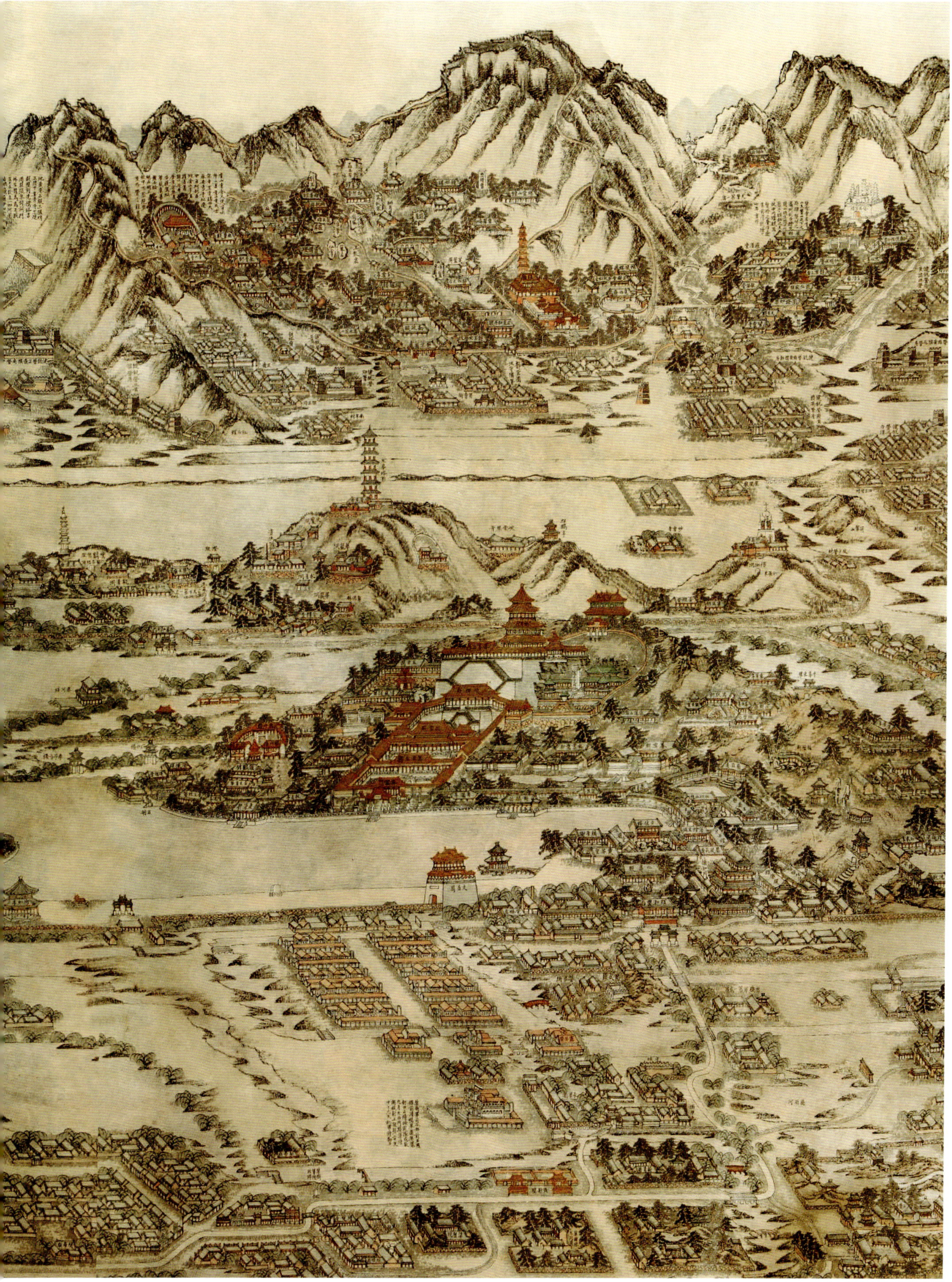

1

2

17

3

1.完善的皇家园林体系

北京皇家园林体系广义上包括御苑、王府园林和坛庙。紫禁城内有宫廷园林四座；皇城内太庙和社稷坛位于紫禁城左右，景山居其后，北海、中海、南海和前海、后海、西海贯穿南北，形成大片园林水系，与严谨对称的宫殿建筑群互相借景，交相辉映。王府园林点缀其间，宛如众星捧月，天、地、日、月四坛分布城市南北东西。城外西山一带规模宏大的“三山五园”风景名胜区和南苑团河行宫等与北京城遥相瞩望。稍远一些的郊外有明十三陵和清东、西陵相环卫。更远处有承德避暑山庄与之呼应。今天的“北京皇家园林”就是明清皇家园林体系的遗存。

4

1.香山（静宜园）见心斋　2.玉泉山（静明园）妙高塔　3.颐和园铜亭
4.圆明园远瀛观之残迹　5.畅春园遗存的山门　6.万寿寺行宫山门及长河码头
7.钓鱼台行宫　8.摄政王府花园　9.恭王府花园大门　10.南苑行宫
11.故宫建福宫花园　12.故宫慈宁宫花园　13.故宫乾隆花园
14.故宫御花园　15.中南海（西苑）太液秋风碑亭　16.北海（西苑）琼岛白塔
17.小汤山行宫遗址

5

6

7

16

15

14

皇家园林位置示意图

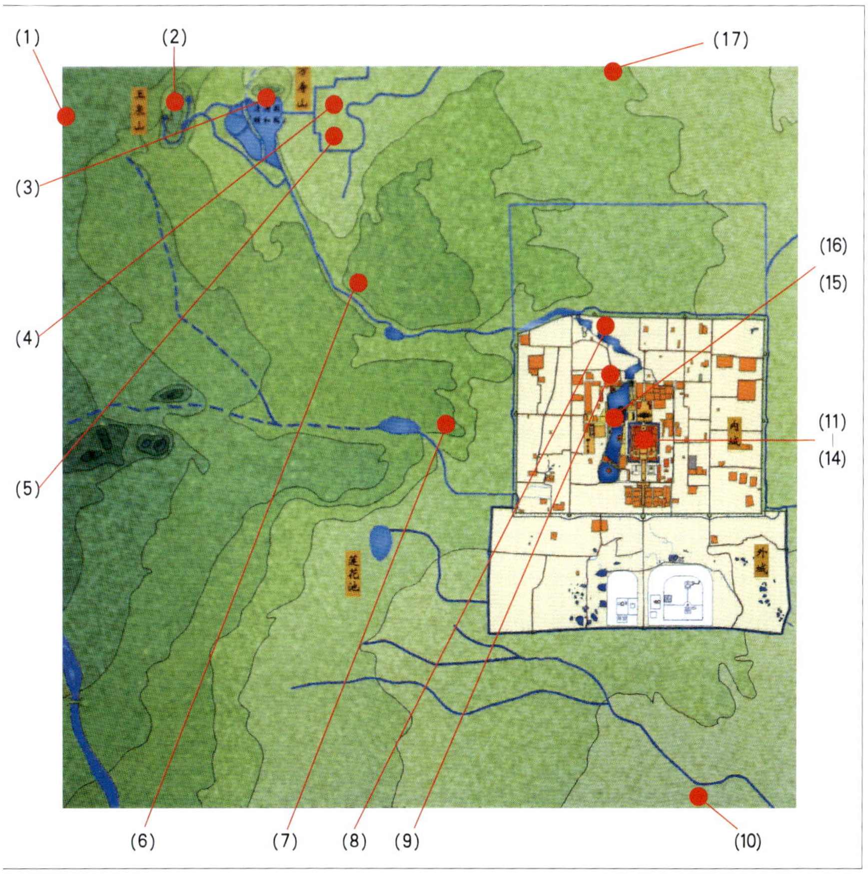

13

12

11

8

9

10

1

2.丰富的皇家园林类型

北京皇家御苑的类型可分为：大内御苑、行宫御苑和离宫御苑等。大内御苑建置在皇城或都城以内，相当于私家园林的宅园。紫禁城内的御花园、慈宁宫花园、建福宫花园和宁寿宫花园，吸收私家园林活泼紧凑的特色，将自然景物纳入礼制森严的宫内。景山和西苑是人工山水园，模拟天然山水情趣而成"城市山林"。行宫御苑和离宫御苑建置在都城的近郊、远郊的风景地带，前者供皇帝偶一游憩或短期驻跸之用，如静明园、静宜园、南苑、钓鱼台行宫和汤山行宫等；后者则作为皇帝长期居住、处理朝政的地方，相当于一处与大内相联系的政治中心，如康熙时期的畅春园、乾隆时期的圆明园和光绪时期的颐和园。

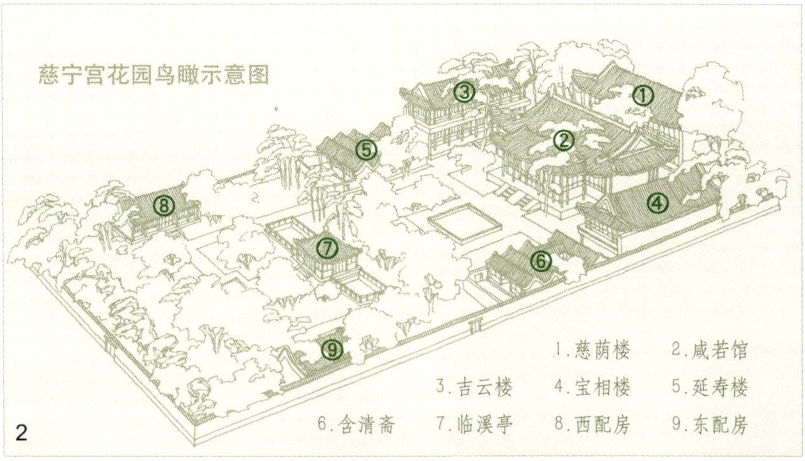

2

3

4

(1)宫内园林及西苑

在故宫内有御花园、乾隆花园、慈宁宫花园和建福宫花园，同时包括皇城内的景山以及西苑（即北海、中海、南海）。

1.故宫及西苑
2.故宫慈宁宫花园鸟瞰示意图
3、4.故宫内的慈宁宫花园
5.瀛台左近障壁的花窗
（〔日〕小川一真摄于1901年）
6.太液池南海中的亭子
（〔日〕小川一真摄于1901年）

5

6

（2）三山五园

三山五园是北京西郊一带皇家行宫御苑的总称：包括香山静宜园、玉泉山静明园、万寿山清漪园、圆明园、畅春园五座大型皇家园林，历经康熙、雍正、乾隆三朝陆续修建而成。特别是乾隆三年至四十年（1738－1775）的37年间，乾隆充分利用北京西郊的山峦峰岗、河流湖泊、农田村舍等自然条件，新建或扩建了静宜园、静明园、清漪园、圆明园、长春园、绮春园、畅春园等一系列园林，使西郊宫苑连成一片，形成了宫苑集群。使香山、玉泉山、万寿山、昆明湖、圆明园、畅春园分别镶嵌在广袤的平畴绿野上，宛如一幅意韵无穷的山水画卷。

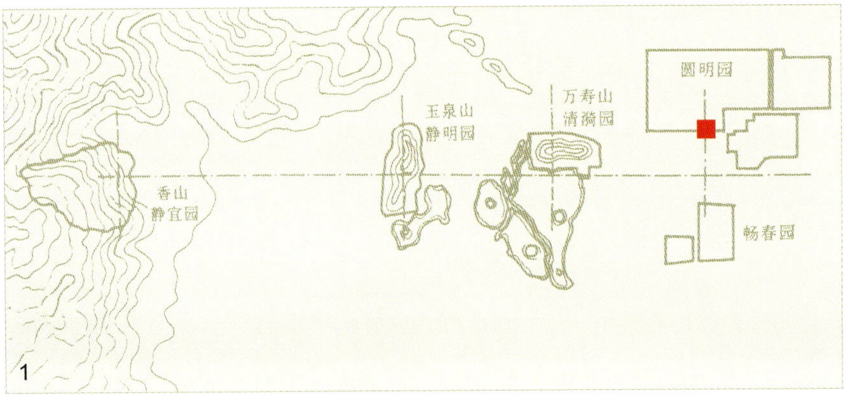

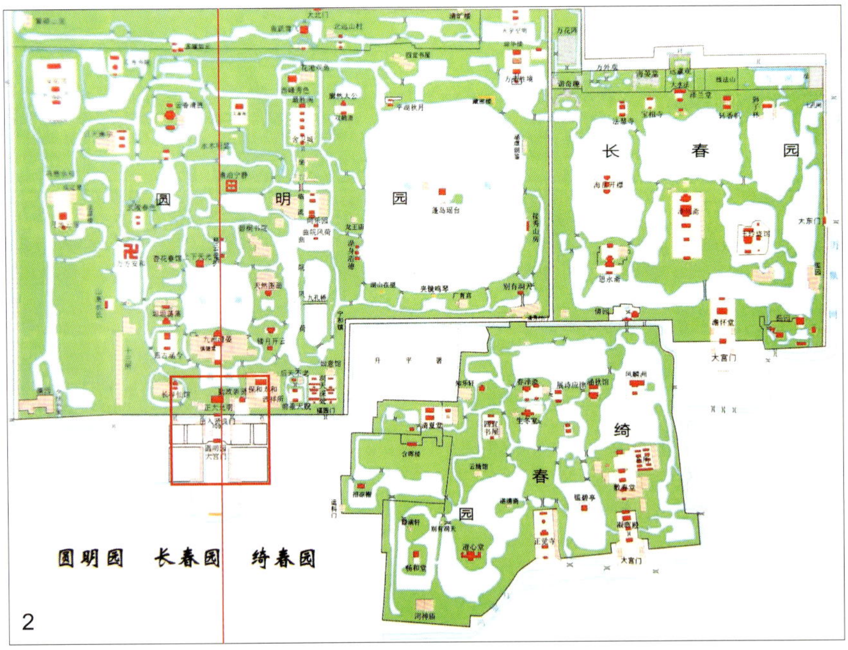

1. 北京西北郊三山五园位置示意图（以颐和园知春亭岛和玉泉山主峰、静宜园宫廷区形成一条横贯东西的中轴线。红方块表示正大光明殿与三山五园两条中轴线的关系）
2. 圆明园平面图（红方框内为在圆明园中轴线上的正大光明殿）
3. 圆明园四十景图咏·正大光明

3

静宜园和静明园

香山静宜园是一座以山地基址建成的清代行宫御苑。金大定二十六年（1186）初建香山寺，清康熙年间扩建为“香山行宫”，乾隆十年（1745）再次扩建，改为“静宜园”。主要以自然景观为主，具有浓郁的山林野趣，包括内垣、外垣、别垣三部分，占地约153公顷。园内的大小建筑群共50余处，乾隆皇帝曾命名题署“二十八景”，“西山晴雪”就处于该园内。清咸丰十年（1860）和光绪二十六年（1900）两次遭受外国侵略军的焚掠，仅余见心斋和昭庙两处建筑群。2005年复建了勤政殿。

玉泉山静明园占地75公顷，是以山为主的山水园，有玉泉趵突、玉峰塔影等乾隆钦定十六景，大小建筑群50组。金代始建芙蓉殿，清康熙十九年（1680）建行宫，初名澄心园，后更名。玉泉为“天下第一泉”，“玉泉垂虹”为金代燕京八景之一，有玉峰塔、华藏塔等五塔。

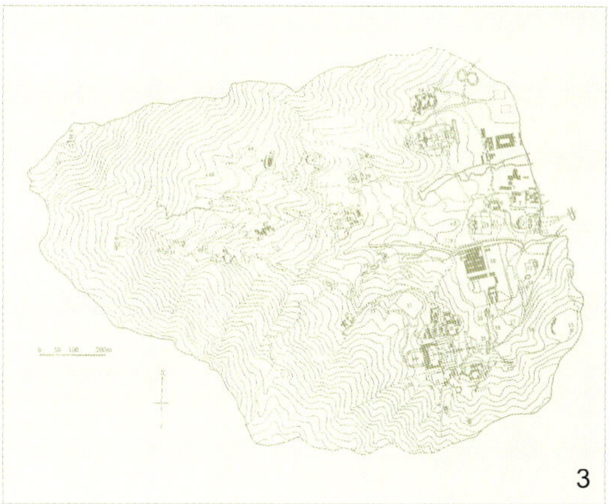

3

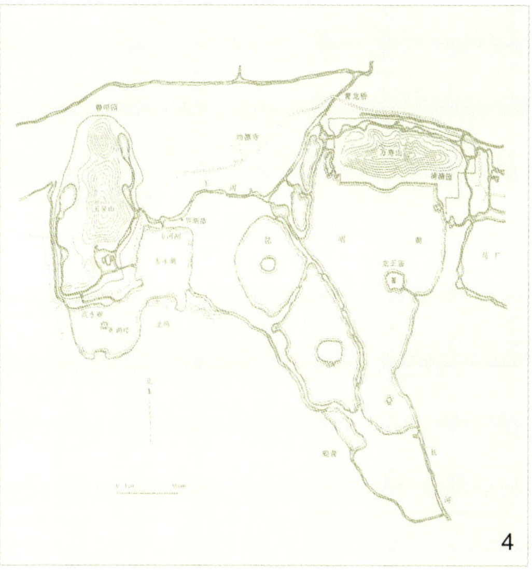

4

1.香山静宜园二十八景图（局部）
2.静宜园玉华岫
3.静宜园（香山）平面图
4.清漪园（颐和园）平面图
5.静宜园香雾窟
6.俯视玉泉山静明园定光塔（20世纪30年代摄）。

5

6

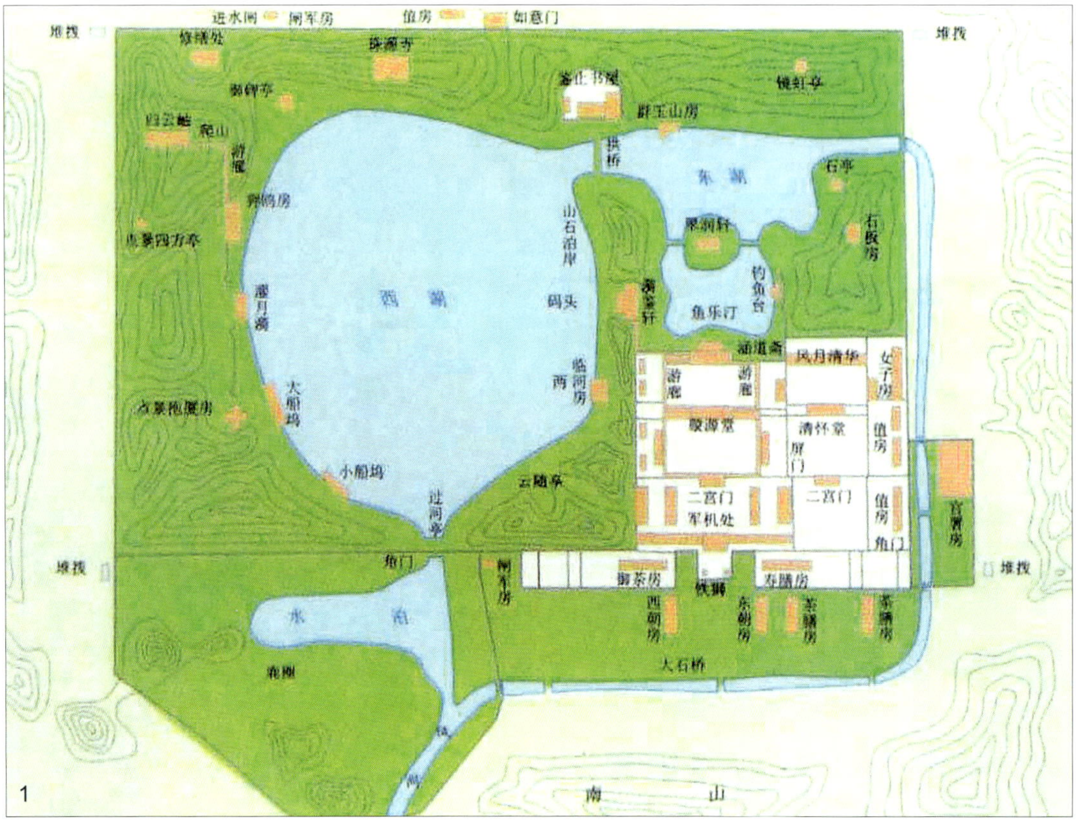

1

2

(3) 行宫与王府

南苑团河行宫四周有围墙120里。元代称放飞泊，明代称上林苑，专门育养珍禽异兽。清代为阅武畋狩之所，并修建行宫4座，宫殿建筑124间。现多为遗址。

恭王府原为清乾隆年间大学士和珅的宅邸。咸丰元年，咸丰帝将此宅院赐予恭亲王奕䜣，是清代规模最大的一座王府，总面积为140多亩。府邸有中、东、西三组院落，后花园萃锦园，也有三条轴线和府邸对应。

1.南苑行宫平面图
2.南苑行宫遗址
3.恭王府花园正门，为花园中路起点。
4.摄政王府花园箑亭
5.礼亲王府花园叠山
（〔瑞典〕喜仁龙摄于1922年）

3

4

5

（二）溯源皇家园林的历史文脉

中国传统园林艺术的发展历程漫长而跌宕起伏，大约有3000多年历史，历经生成期、转折期、全盛期、成熟期四个重要阶段。帝王宫苑有初期的"沙丘苑台"、秦汉"仙苑式"建筑宫苑，到魏晋南北朝成为初具山水建筑宫苑特色的皇家园林，至隋唐进入一个全盛的发展阶段，最后成熟于明清皇家园林。整个的皇家园林建设终止于19世纪末慈禧太后重建的颐和园。

在造园过程中，帝王首先要体现"普天之下，莫非王土"的皇权至高无上的宗旨。通常，帝王宫苑占地面积较大，无论是人工堆砌或自然山水，规模宏伟、内容丰富是其主要特点，并且汲取历代造园之精华。据史料载，历史上著名的帝王宫苑有汉代的"上林苑"、隋代的"西苑"、唐代的"南苑"、宋代的"艮岳"。北京的皇家园林正是在继承和借鉴这些宫苑的基础上，融合多元文化而发展起来的。

北京地处中国中原、华北与东北各族人民生活的交结地带，自古以来，就是多民族融合、斗争的交汇点，是个多民族融合、兼容并蓄的都城。辽、金、元、明、清五朝，契丹、女真、蒙古、汉族和满族分别居于统治地位，并在这里建都城、兴园林，使北京皇家园林呈现出多民族文化特色。以农耕文化为代表的汉族在宫苑布局上，以宫殿为主，苑囿为客，分区设置，界限分明。以游牧文化为代表的草原民族逐水而居，在元大都宫阙园囿布局上，以太液池为中心，环水修筑宫殿，形成苑主宫客的格局。辽金都城的园林也体现了游牧文化的特征，皇帝很少留在城里，经常在外游猎，在郊外建设大量离宫及寺庙，为北京增添了许多风景名胜。以游猎文化为代表的满族，以狩猎为生，与游牧文化有相似性，但更喜居高台，信奉萨满教，并在文化中大量吸收藏传佛教因素；园林规划建设以前几代经营为基础，增建南苑，习武打猎；既在京郊建"三山五园"，又于塞外建木兰围场，并大量兴修汉、藏佛寺建筑作为主景的寺庙园林。

1.皇家园林千年的发展脉络

中国古典园林经历了漫长的演进过程。生成期是园林产生的幼年期，相当于先秦、两汉。以小农经济为基础的封建大帝国初步形成，追求规模宏大、气势雄伟，成为皇家造园活动的主流。转折期当于两晋南北朝，园林艺术兼融儒、道、玄诸家的美学思想而向更高水平跃进，奠定了中国风景式园林大发展的基础。全盛期当于隋、唐。帝国复归统一，进入充满活力的全盛时代，中国园林体系的独特风格基本形成。成熟前期当于两宋到清初，园林的发展由盛年期升华为富于创造进取精神的完全成熟的境地。成熟后期当于清中叶到清末。皇家园林的发展，一方面表现出中国古典园林的最高成就，另一方面逐渐流于繁琐、僵化，暴露出了某些颓废的倾向，预示了中国古典园林时期的结束。

2

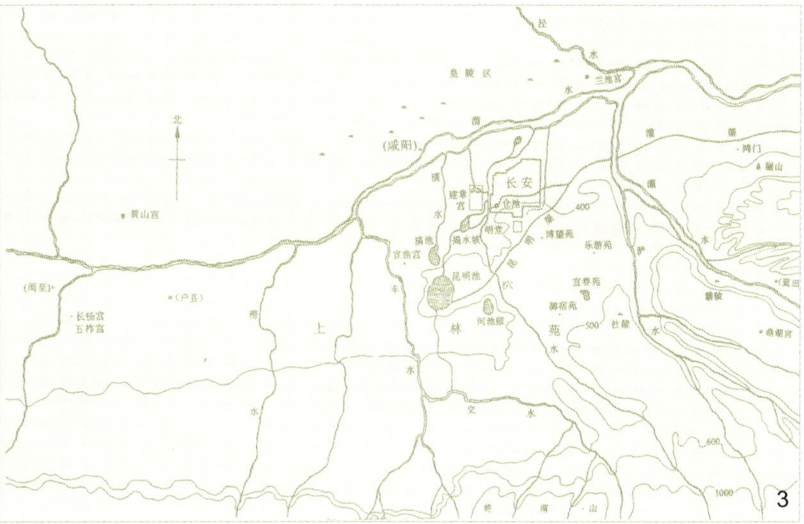

3

1.阿房宫想象图画　秦朝宫苑中最大的朝宫前殿，《史记》描述："东西五百步，南北五十丈，上可以坐万人。"

2.汉上林苑示意图画　在秦宫旧苑基础上修建的规模巨大的皇家园林，共分十六苑，开中国传统造园艺术"分景"手法之先河。

3.汉上林苑平面图　上林苑占地之广空前绝后，据载，苑墙长度约合130公里至160公里，流经长安境内的八条大河，贯穿其间。

1

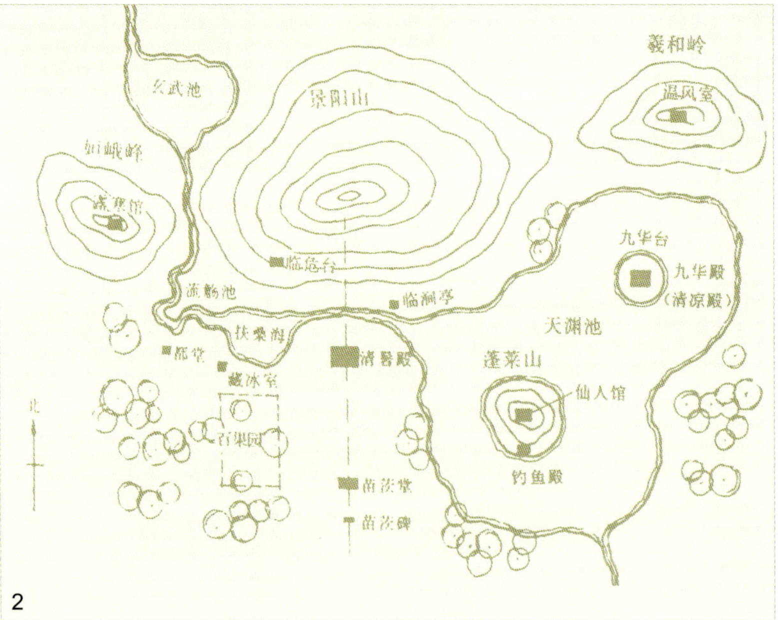

2

1.建章宫示意图　汉建章宫园林与宫殿分置的总体布局，成为后世“大内御苑”规划的滥觞。它的园林区是历史上第一座具有完整的三仙山的仙苑式皇家园林。

2.洛阳华林园平面图　三国时期洛阳的皇家园林，以山、池之胜著称于当世。

3、4.华清宫示意图　唐玄宗以首都长安为蓝本经营的一座离宫，中央为宫城，南为苑林区，呈“前宫后苑”格局。

5.大明宫平面图　大明宫建于唐太宗初年，位于长安禁苑东南龙首原高地上，是一座相对独立的宫城。南半部为宫廷区，北半部为苑林区。

3

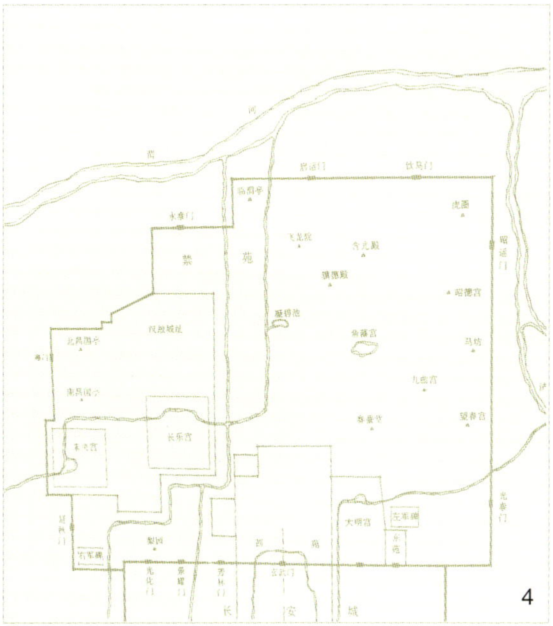
渭
河
启运门
饮马门
禁
苑
永泰门
含光殿
昭德宫
马坊
九曲宫
望春宫
鱼藻宫
凝碧池
汉故城址
长乐宫
大明宫
梨园
西
苑
东苑
玄武门
长
安
城
4

5

1

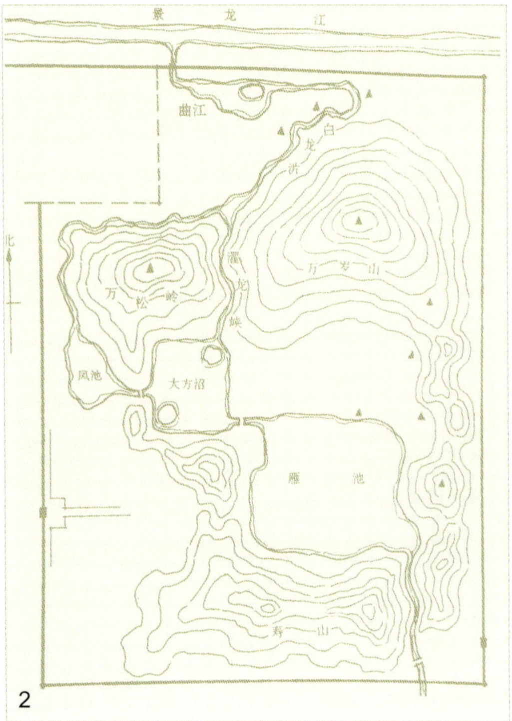
景龙江
曲江
万岁山
万松岭
濯龙峡
凤池
大方沼
雁池
寿山
北

2

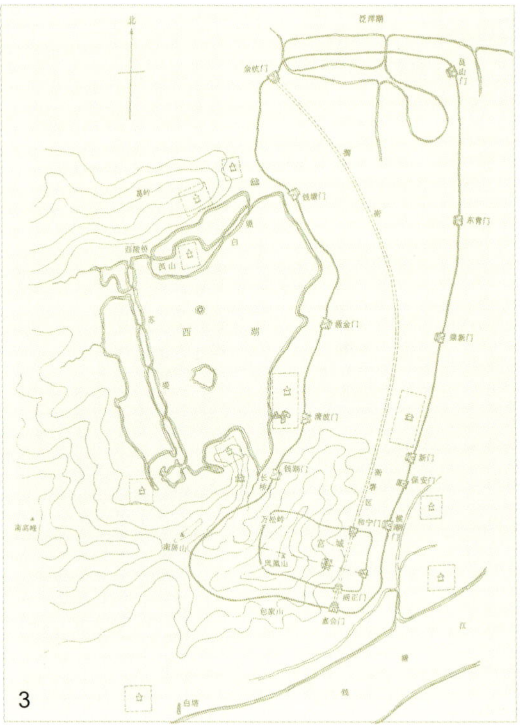
北
余杭门
钱塘门
东青门
崇新门
清波门
钱湖门
新门
保安门
和宁门
嘉会门
丽正门
西湖
孤山
万松岭
凤凰山
包家山
宫城
白塔

3

1.金明池夺标图　金明池为北宋初年建成的“东京四苑”之一,布局以略近方形的大水池为主体,每年定期对百姓开放。

2.艮岳平面设想图　宋徽宗亲自参与经营的一座著名皇家山水园林，大体为“左山右水”格局，山体从三面包围水体，北面主山为“万岁山”。

3.南宋宫城平面图　南宋以杭州为行都，又对西湖作进一步的整治。著名的“西湖十景”就形成于这一时期。

4.南宋宫殿示意图画

2.多元文化融贯的皇家园林

北京的皇家园林凝聚了中国多民族的文化智慧，是在多元文化的相互借鉴和补充的过程中逐渐完善和发展起来的。著名的“燕京八景”产生于金代明昌年间，后历代文人纷纷题诗，从不同的文化角度来抒发审美感受。金代的八景指：太液秋风、琼岛春阴、金台（道陵）夕照、蓟门飞雨、西山积雪、玉泉垂虹、卢沟晓月、居庸叠翠。元明两代及清康熙燕京八景名目均与此八景大同小异。这些景名所代指的风景资源成为历代园林开发的重点。太液秋风、琼岛春阴被元朝皇帝收入苑囿，成为西苑三海

1

2

3

4

的造景基础，西山积雪、玉泉垂虹被清朝皇帝纳入三山五园，成为静宜园和静明园的得景之源。乾隆十六年（1751），清帝弘历又御定八景，将蓟门飞雨、西山积雪、玉泉垂虹改为蓟门烟树、西山晴雪、玉泉趵突，并将八景刻石立碑，配以小序、诗文，进一步升华了风景审美意境。

王绂《北京八景图卷》

1.居庸叠翠　2.玉泉垂虹　3.太液秋风
4.琼岛春阴　5.蓟门烟树　6.西山晴雪
7.卢沟晓月　8.金台夕照

5

6

7

8

1

2

3

4

燕京八景碑刻

1.琼岛春阴　位于北海琼岛上。
2.太液秋风　位于中南海。
3.蓟门烟树　清乾隆皇帝寻古问幽时，曾考证元大都西墙残门为蓟门，并立碑于此。
4.玉泉趵突　乾隆因泉水“喷雾如珠”很像济南“趵突泉”而命名。
5.西山晴雪　该碑立于香山山腰半山亭北。
6.卢沟晓月　京城西南的卢沟渡口为出京客商的第一个歇宿点。拂晓登程，远行人常对着当空晓月感慨万千。

5

6

1

2

3

多种文化交融的大觉寺、广润祠和耶律楚材祠

1. 大觉寺大殿的行日月前摩利支教尊菩萨
   大觉寺始建于辽代，初名清水院，金代成为金章宗在西郊建立的八座行宫之一，明代重建时改称大觉寺。大觉寺山门坐西朝东，保持了辽契丹人崇阳喜东的习俗。
2. 清代高僧迦陵禅师的舍利塔
3. 八大处二处的佛牙舍利塔
4. 颐和园昆明湖三岛中的南湖岛，岛上的龙王庙广润祠建于明代。
5. 龙王庙内的龙王塑像。乾隆曾亲临龙王庙祈雨，后赐封龙神为“广润灵雨”。
6. 耶律楚材石碑
7. 耶律楚材像祠　元代第一名相耶律楚材死后，葬于瓮山泊东岸，清乾隆皇帝建清漪园时命人在原址重修坟墓，建祠并立碑。

4

5

6

7

二、赏析皇家园林的雍容恢宏

清代皇家园林是北京皇家园林发展的最后一个高潮。这一高潮肇始于康熙年间（1662—1722），在乾隆、嘉庆年间（1736—1820）达到全盛局面。因此，把握康乾二帝的治世思想、艺术取向和造园风格，是赏析北京皇家园林的关键。

作为清代皇家园林的奠基人，康熙皇帝的造园思想既不同于中国古典园林的“隐逸”思想，也有别于诸多历代帝王的造园思想。康熙从其崇奉的儒学观点出发，在造园中强化了尊重自然的理念，达到相互和谐的儒家思想境界。他所经营的畅春园，围绕着治世、宽仁、孝悌、俭素、格物等要求进行规划，内容丰富，没有囿于一般单纯的游赏园林的格调。畅春园一度成为北京的文化、科学、政治等活动的中心，其中寄托着康熙对和平的强烈愿望。

乾隆时期的皇家园林在康熙造园思想的基础上继续发展、升华，最终达到了皇家造园活动的高峰。乾隆时期，尽管分别代表着汉、蒙、藏、西洋文化的汉族士大夫、少数民族上层和西洋传教士之间，也即儒、道、释乃至基督教之间，存在着一定的对立与抗争，但深受宋明理学滋养的乾隆帝，以君临天下的博大胸怀，将所有这一切矛盾都纳入他的园林建设中，凭借皇家园林先天具备的优越条件，在无数能工巧匠的精心雕琢下，前所未有地实现了各种文化背景下不同园林类型的并置，极大程度地实现了皇家园林中的多元共生，别开生面地将一部分以往在战场上和宫廷内解决的政治事物，挪移到了景色秀美、诗情画意的园林当中。在政治被艺术化的同时，艺术也被政治化。皇家园林中各类型园林的分布，实际成为社会整体结构的艺术性或美学性投影。这种对皇家园林自觉有效的利用，使得乾隆时期的皇家园林内涵更具广泛深刻的社会意义。

康熙与乾隆都是在位六十年以上的皇帝，又值康乾盛世，政治经济形势都比较好，他们多次巡游江南，饱赏了江南的秀丽山川和苏杭等地的湖山景色及园林，皇家园林多仿建江南景色。皇家园囿则规模宏大，兼容并蓄，移天缩地，不断发展成集景式园林。

皇家造园艺术总结了几千年的造园经验，向精深完美发展，达到造园艺术的高峰，皇家园林的密度以及假山花木的密集程度都大大超过以往任何朝代。阴阳平衡的叠山理水，巧夺天工的园林建筑，生机盎然的花木配置及华美典雅的装修陈设等园林要素都发展到了一个新高峰。

皇家园林造园艺术充分体现“天人合一”、“黄老学派”与崇尚自然的传统哲学思想文化的影响。“天人合一”这一哲学思想讲的是人与自然的关系。黄老学派的神仙境界和儒家学派的观点理论有其异曲同工之妙，皇家园林的造园意境和手法都受到其影响。从佛塔的传入到后来成为建园置景和借景的重要对象，佛教的“禅机悟道”、“隐性止欲”等理论和佛教经典的“极乐世界”都影响到皇家园林的发展。对外来文化因素也不断吸收，圆明园西洋楼景区就是皇家园林对外来文化吸收的典型。

乾隆作为最高君主，他将皇家园林创作与山水城市建设融为一体的规划理念，将治水、扶农和造园统筹于山川再造的气势，对大规模移植仿写创作的动机和评判，协调造园要素的互妙相生的创作原则和方法，在园林的选址、规划、布局的经营上起到了至关重要的作用。正是在园主人巨而广、细而微、自始至终的关注下，才使北京的皇家园林最终镌刻上“乾隆风格”的印记。

(一)壮丽恢宏的帝王气度

中国封建时代，号称"天子"的皇帝奉天承运，统治寰宇，凡与皇帝有关的起居规制、生活环境都要显示皇权至尊、君临天下的雍容华贵气派。清代中期，皇权扩大到空前的程度。因此，乾隆皇帝在皇家园林建设中的宗旨非常明确：创建具有皇家气派的园林化风景名胜区。即把我国传统风景名胜区的主要特点纳入大型天然山水园林的规划范畴。

乾隆皇帝认为，园林的最高境界是：崇山峻岭，秀水林壑，鹤鹿群游，莺歌燕舞；加之岩崖溪涧，芳草古木，景物追求天然谐趣，使人忘却尘世烦恼。这样的园林境界要远远超过汉唐的离宫别苑。皇家园林的兴造大可不必像私家园林那样浓缩天然山水于咫尺之地，所以乾隆主持建设的大型皇家园林，都力求把传统风景名胜区的那种自然之美及人文景观融入园林中。皇家园林在展现优美景观的同时，还创造出了良好的生态环境。北京西北郊的三山五园和承德避暑山庄的营造莫不如此。

皇家的园林建设不仅资金充足，还集中了全国的人力和物力。当时的著名建筑设计世家"样式雷"、"山石张"和"算房高"都参与了园林的营建。皇家园林内的建筑与环境相协调，各种建筑体量高大，气势雄伟，并在全园布局上和景区构图上采取中轴对称和局部对应的形式。在建筑的色彩运用上，则追求金碧辉煌和富丽凝重，以显示帝王豪华、赫赫无比的气派。形成了北京皇家园林独特的风格和气度。

避暑山庄全图

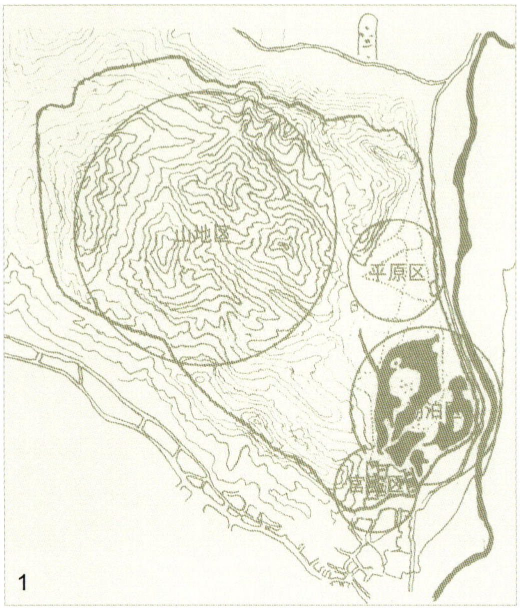

1

2

3

1.移天缩地的帝王思维

“大一统”是封建帝王的理想政治，历来被视为“天地之常经，古今之通义”。帝王的这种理想政治，反映在皇家园林的空间模式上，则是通过改造自然地貌、运用大规模的山水、各种类型的建筑，以及动物和植物，再造国家的河山疆土，彰显帝王对天下以及天下万物的御统。例如：避暑山庄的空间布局与园林景区组织，显然与秦始皇灭六国仿造其宫殿建于咸阳北阪、显示“天下一统”的用意一致。避暑山庄实际上就是大中国的一个缩影：西北多山而东南多水，北部为开阔的草地。湖泊是对江南园林风光的摹写；平原区是对蒙古草原的模拟（万树园、驯鹿坡）；山地区则是对三山五岳的仿写；宫墙外的诸寺更令人联想到西部边陲的新疆和西藏。它们与外八庙一起，概括了国家的形象，突出了宇内一统的含义。

1.承德行宫不同景区位置示意图
2.莺啭乔木　3.群峰叠翠山庄秀
4.蒙古包　5.环碧和采菱渡
6.澄湖景色　7.热河泉

4

5

6

7

1.承德绮望楼

2.承德四知书屋

3.承德行宫澹泊敬诚殿

4.承德永佑寺外景

5.承德普宁寺

避暑山庄

始建于1703年，前后历时89年才全部竣工，占地564公顷。山庄整体布局巧用地形，因山就势，分为宫殿区、湖泊区、平原区、山地区四大部分，享有"中国地理形貌之缩影"美誉。宫殿区位于湖泊南岸，地形平坦，是皇帝处理朝政、举行庆典和生活起居的地方，占地10公顷，由正宫、松鹤斋、万壑松风和东宫四组建筑组成。湖泊区在宫殿区的北面，湖泊面积约43公顷，有8个小岛屿，将湖面分割成大小不同的区域，层次分明，洲岛错落，碧波荡漾。东北角有清泉，即著名的热河泉。平原区在湖区北面的山脚下，地势开阔，有万树园和试马埭，碧草茵茵，林木茂盛，一片茫茫草原风光。山地区在山庄的西北部，面积约占全园的4/5，这里山峦起伏，沟壑纵横，众多楼堂殿阁点缀其间。避暑山庄之外，半环于山庄的是雄伟的寺庙群，如众星捧月，象征民族团结和中央集权。

避暑山庄虽远离京城，但从其地位和作用来讲，仍然是北京皇家园林的重要组成部分。

2

2.烘云托月的艺术表现

皇家园林由于范围大、占地广，仅用突出某个景区或景点的方法，显然难以营造主从分明的效果。为了避免布局的松散凌乱，大多数皇家园林吸收了风景名胜区的成景理念，运用突出重点、烘云托月的手法，结合自然地形的变化，在园内选择凸出的高地，集中设置建筑群或风景点。特别是在其峰顶建造高塔或楼阁以形成制高点，通过它既可俯瞰全园，形成360度的视域景观环带，又可从园的四面八方清晰地看到它的轮廓线，用以统率全园。皇家园林的规模越大，对制高点的控制力要求也越高。西苑三海中最高的白塔布置于琼岛山顶；除中央建筑群体量较大外，四周的建筑退晕般地向四面分散开去，与山林融为一体，构成北海主景中心。环绕琼岛白塔，在沿岸通过景观序列组织，形成一条漫长的螺旋形“景观环带”。这个环带上的景点都与琼岛保持几百米甚至上千米的相互观赏视距，它们或疏或密，依山面水，各抱地势，人工匠意与天成山水浑然一体，犹如一幅其长无比的山水画卷，展现在人们眼前。

轴线景观

由团城承光殿，经堆云积翠牌楼、永安寺、龙光紫照牌楼、善因殿、白塔至碧照楼形成中轴线，左右分别有六组建筑对称而建，形成轴线景观。

1.北海白塔（置于琼岛山顶，建于清代顺治年间）

2.北海琼岛中轴线景观示意图

1

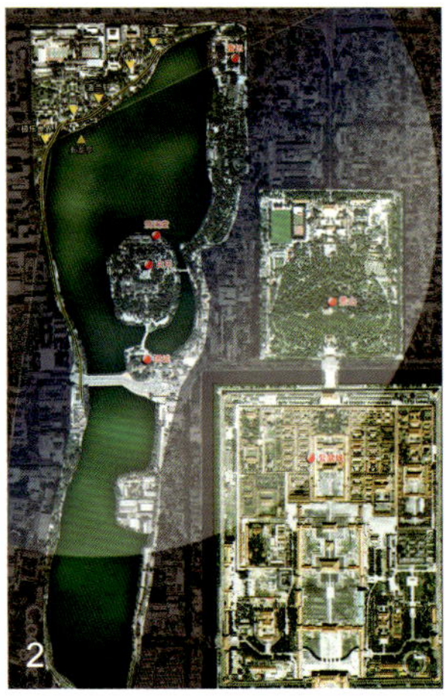
2

(1) 北海景观环带上的点景建筑

北海是我国现存历史悠久、规模宏伟的一处古代帝王宫苑。全园分为琼岛、团城、北海东岸与北岸四个部分，相互关照呼应。琼岛是全园的中心，岛上建筑、造景繁复多变。东部以佛教建筑为主，永安寺、正觉殿、白塔，自下而上，高低错落，其中尤以高耸入云的白塔最为醒目；西部以悦心殿、庆霄楼等系列建筑为主，另有阅古楼、漪澜堂、双虹榭和许多假山隧洞、回廊、曲径等建筑。北海东、北两岸有建筑群多处，各具特色，有画舫斋、濠濮间、静心斋、天王殿、小西天、五龙亭、九龙壁等园中园和佛寺建筑。北海南为屹立于湖滨的团城，以永安桥与琼岛相连。

3

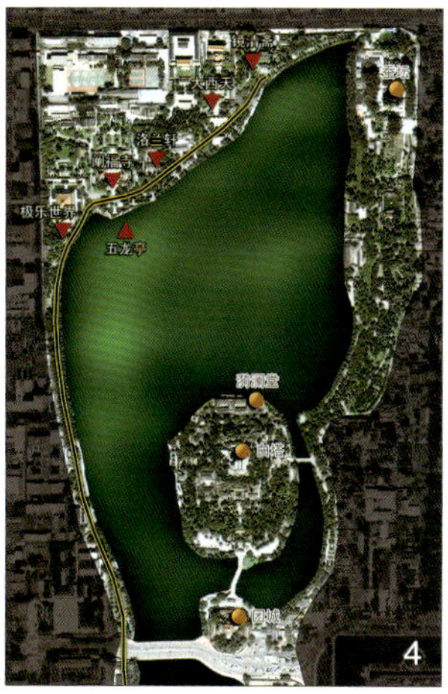

北海景观环带

1.从小西天向东南望，从五龙亭经景山、琼岛到北海大桥形成环带景观。

2.航拍示意图

3.从西岸向东望琼岛

4.航拍示意图

1

2

3

（2）琼岛与曼陀罗图式

佛学的宇宙模式是以须弥山为中心，自内向外呈同心圆排列的七重金山，环绕七山八海与四大部洲。这一模式的抽象，就是曼陀罗，或称坛城，呈有机结合圆、方的对称构图，具有中心及边界围合的空间图式。正是基于这一原型意象，琼岛以十字放射形的空间组合及延楼建筑群的环绕集聚之势，共同构成一个立体曼陀罗的神圣领域。

1．北海琼岛白塔和善因殿
2．藏传佛教密宗本尊坛城示意图
3．北海琼岛善因殿绘有大威德金刚神像的曼陀罗藻井

3.皇权秩序的不懈追求

为充分体现皇权的至高无上，皇家将礼乐制度延伸到园林之中。园林建筑讲求儒家“天人合一”所倡导的“顺天理，合天意”的礼制、仪轨，强调“天定”的尊卑等级秩序，反映了唯我独尊的帝王文化心理，适应了皇权统治的政治需要。建筑一旦违背封建社会的礼仪制度，就要论罪。据《嘉庆实录》记载，当年和珅罪状第十三款：“昨将和珅家产查抄，所盖楠木房屋，僭侈逾制，隔段式样，皆仿宁寿宫制度，其园寓点缀，与圆明园蓬岛瑶台无异，不知是何肺肠。”这种尊卑有序、贵贱有别的“礼”，还强烈地体现在建筑及其组合的体量上，“非壮丽无以重威”。皇家园林运用建筑和建筑所驾驭的巨大院落空间，创造出强烈浓重的威严气氛。在封建宗法制度下的中国皇家园林建筑，由造型到色彩、从室外铺陈设置到室内装饰摆设，都被赋予了秩序感，包含了社会的、伦理的、宗教的以及技术内容的秩序美，大大加深了园林建筑美的深度和广度。

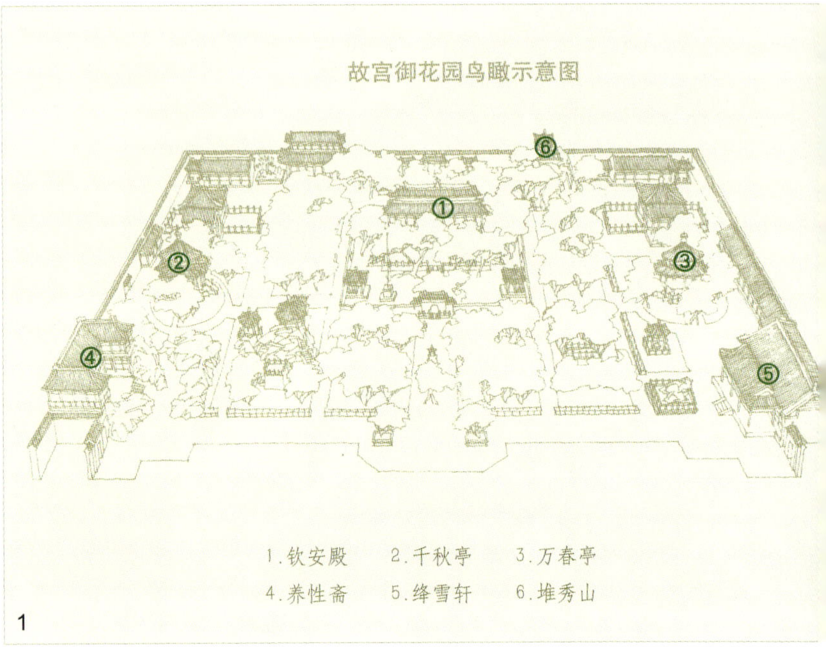

1

2

3

（1）御花园布局反映的皇权秩序

御花园体现了“前宫后苑”的建筑布局，它典型地表征了皇帝心中天的形象：以严整对称式布局象征天的秩序感；以星罗棋布的散点式写意性景物象征天的包罗万象；钦安殿祭祀主管北方的玄武大帝，花园东北建堆秀山，名之“艮岳”是为了符合天的四灵图式和八卦图式，暗含了帝王的空间意识；中轴线两边位置对称的绛雪轩、养性斋，分别取凸凹形平面，可以看作是对天的阴阳图式的诠释；按五行方位对称布置在花园东、西两面的万春亭和千秋亭，通过建筑的命名，同样体现了自然的四季变化。

1．故宫御花园鸟瞰示意图
2．御花园钦安殿
3．故宫御花园天一门
4．御花园钦安殿丹陛
（〔日〕小川一真摄于1901年）

4

1

2

1.御花园万春亭，上圆下方，重檐，建筑精美，西面与千秋亭相对，造型相同。
2.御花园养性斋
3.从景山看御花园万春亭。
4.御花园堆秀山
5.御花园堆秀山喷泉座（〔日〕小川一真摄于1901年）

1

2

1.故宫御花园万春亭鎏金和琉璃宝顶的装饰图案

2.御花园天一门前香炉

3.御花园天一门前鎏金麒麟，显示着皇权的威严。

1

2

3

(2) 颐和园不同等级的门

不同园林的门，往往能反映出园林主人的地位和等级，同一园林不同形式的门，直接反映建筑的等级。如颐和园的门，就有宫门、殿堂式门、屋宇式门、垂花门、随墙门等不同种类。入园前，先要经过“涵虚”牌楼、东宫门，宫门前有铜狮，大门上有九排门钉，为最高等级。然后依次是仁寿门、玉澜堂大门、宜芸馆垂花门、乐寿堂东跨院垂花门、长廊入口邀月门等七种形式不同的门，穿过九进气氛各异的院落，然后步入七百多米的长廊，这一门一院形成不同的空间序列，具有明显的节奏感。除铜狮外，排云殿前摆放十二组太湖石，也是级别的象征。

4

5

6

7

8

1.颐和园东宫门
2.北宫门
3.东宫门前的铜狮
4.排云殿二宫门
5、6、7、8.排云殿大门前十二生肖太湖石

1

2

3

1.颐和园乐寿堂正门
2.颐和园玉澜堂大门
3.颐和园德和园大门
4.颐和园无尽意轩垂花门
5.颐和园养云轩大门
6.颐和园永寿斋八角洞门
7.颐和园谐趣园瓶式洞门

4

5

6

7

（二）交相辉映的园林要素

山、水、植物、建筑是构成中国古典园林的四个基本要素，前三者属于自然物的范畴，后者提供园林以实用价值。建筑作为人工要素，是造景的积极手段，它的特征在很大程度上代表着园林的风格。

景观、景区和景点的营构，是皇家园林造园艺术的精神之笔。各景区与景点都有各自的观赏景面和观赏角度，"步移景异"或"移步换景"是通过游动方式处理好景区与景点的关系。"山重水复"、"柳暗花明"是采取多种分离、联系的手法使景色产生抑扬顿挫的节奏感。山是园林的骨架，水是园林的灵魂，皇家园林中的叠山理水更有自己的特色，是自然山水之美与巧夺天工艺术美的高度融合。

集多种功能和建筑类型之大成是皇家园林建筑风格的主要特征。皇家园林建筑的内容极为丰富，它集建筑、山石、水泉、林木花草、室内外装修与陈设为一体，包含了环境艺术和文化传统的丰富内涵，是皇家最为理想的居住环境。

园林植物生态环境的艺术处理，构成了植物配置的基调，丰富了景观的空间层次，起到烘托主题、创造意境的作用。

圆明园、畅春园均为平地造园，采用写意的手法，缩移摹拟江南水乡的千姿百态，作集锦式的大幅度展开。香山静宜园是一座山地园，山高林密，因此充分借助地形地势，因势利导，布置呈景。玉泉山静明园以山景兼小型水景之胜见长，突出了泉、瀑、洞、壑、峰的景观特色；清漪园利用原有的大山大水，在整治原始地形的基础上，又施以局部筑山、理水的细致加工；植物造景充分保留天然植被，并进行大量的花木配置。目的在于表现一个概括的、典型的大自然生态环境，突出园林化的风景名胜区特色，提高山水风景的观赏质量。

总之，皇家园林四大造园要素，将天工与人工巧相融会，达到"虽由人作，宛自天开"的效果，实现"天人合一"的理念。

颐和园万寿山及昆明湖

1.颐和园万寿山后山结合原有地形地貌，创造了深邃幽深的园林意境。
2.颐和园谐趣园涵远堂后的叠石
3.颐和园仁寿殿后面的假山
4.颐和园谐趣园叠溪中刻有仙岛的置石

1.负阴抱阳的叠山理水

“山嵌水抱”在天然风景中是有较优越的成景条件的地貌结构，也是中国古代哲学的最高哲理——阴阳对立统一在自然界的形象反映。所以，历来的堪舆家相地时都把它视为上乘的风水。北京皇家园林的叠山理水，也包含着这方面的用意。清漪园的规划从调整自然生态环境入手，拓展昆明湖直抵万寿山东麓，消除了原西湖与瓮山“左田右湖”的尴尬局面，开凿后溪河，并连接于前湖。利用后湖土方堆筑于前山的东端，以及后湖北岸，改造局部的山形，堆叠山石丰富景观层次，最终形成了堪称上乘“风水”的负阴抱阳的地貌结构。为了更好地展现大自然的生态景观，这里不仅创作出了天然山水的主要形态：冈、岭、峰、峦、岫、岩、谷、洞、峡、壁、屏、湖、河、溪、泉、渚、涧、瀑等，而且遵循生态规律组合诸多自然成景要素，构成了具有序列的完整的山形水系。

4

2

3

(1) 旷朗的前山前湖

整治后的昆明湖前湖，状似桃形，南北长1930米，东西最宽处1600米，与壮丽的万寿山形成了"北山南湖"的宏阔的气势。湖中布列着一条长堤，三个大岛，三个小岛。长堤"西堤"及其支堤，将前湖划分为三个水域：里湖、外湖、西北水域。大岛南湖岛为里湖中心岛屿，通过十七孔桥连接湖东岸。这岛与桥相结合又将里湖分为既离又通透的南、北两部分，增加了湖面的层次感。

1

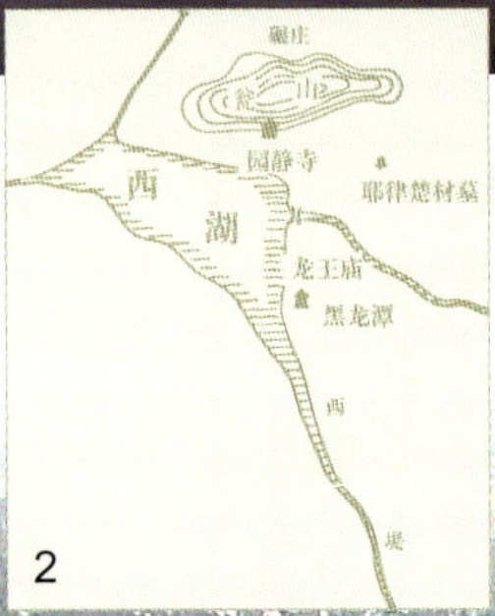

2

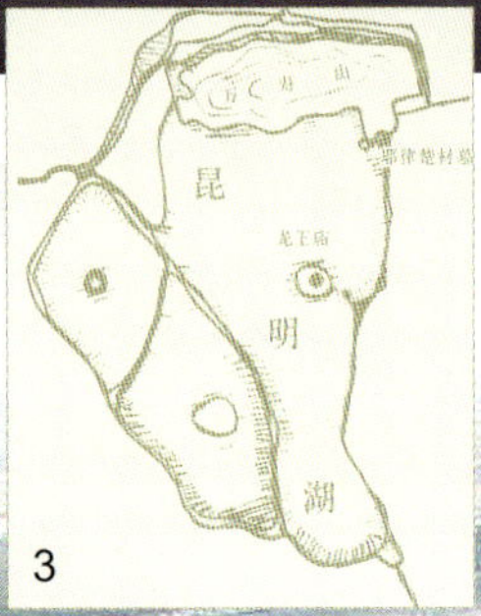

3

昆明湖水域原称瓮山泊、西湖，湖泊环境开发始于金代，盛于元明，定型于清。乾隆十四年开始西北郊大规模水系工程，疏浚后的昆明湖面积是西湖的两三倍。湖的周岸达三十余里，使清漪园（颐和园）成为一座以水景取胜的山水园（水面占全园面积的70%）。

1. 昆明湖宽阔的水面
2. 清漪园修建前水系图
3. 清漪园修建后水系图
4. 从佛香阁俯视昆明湖。

4

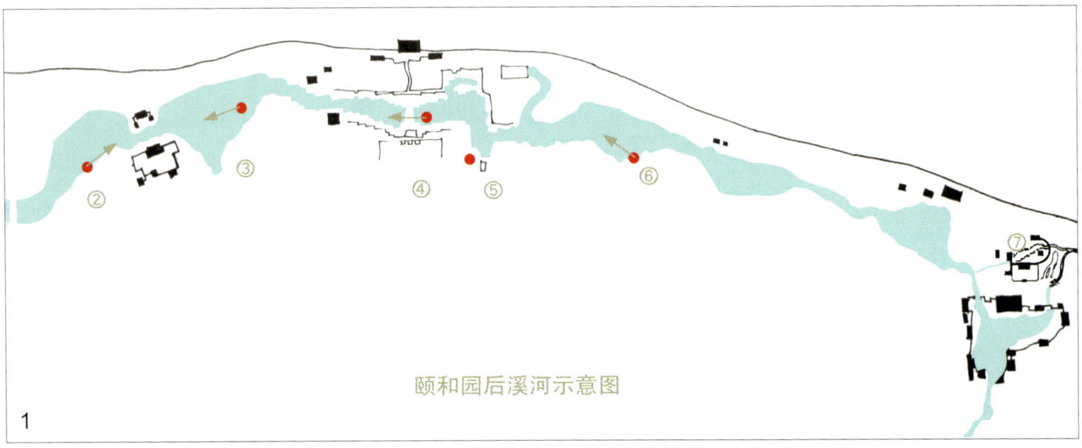

1

2

3

4

（2）深邃的后山后湖

后溪河自西端的半壁桥至东端的谐趣园和霁清轩，全长1000余米。南岸的山形地貌是在真山的基础上，利用开挖后溪河的泥土经人工的艺术处理堆叠而成。北岸连绵起伏的假山则完全是人工之作。两山夹带一条蜿蜒曲折的河流，增加了后溪河的纵深感，为后山后河的分区造景提供了必要的条件。河中段两岸建置后溪河买卖街，沿岸各依地势建有相应的点景建筑。

1. 颐和园后山后溪河示意图
（图中所标序号为各图所在的位置）
2. 颐和园后溪河一段水面
3. 颐和园后山水面
4. 颐和园清琴峡
5. 颐和园后山水面苏州街(西买卖街)
6. 俯视颐和园霁清轩和谐趣园。
7. 颐和园后溪河一段水面
8. 颐和园后山寅辉城关

2.巧夺天工的园林建筑

北京皇家园林内的建筑物，是从皇家的紫禁城到民居的普通四合院的最富浪漫的变体。纵长延伸的尺度、拔高紧缩的比例、倚山就坡的布局，随心所欲的组合，即使桥梁、堤路等带有公用性的建筑，也变得丰富多彩和变化莫测。园林建筑包罗了中国古典建筑个体的全部形式，如：楼、阁、殿、堂、馆、斋、室、榭、舫、亭、廊、塔、桥、牌楼、台、城关等。它们当中除少数是砖石结构外，绝大多数为北方传统的叠梁式木框架结构，按官式建筑规则分为"大式"和"小式"两个等级的做法。在平面布局和竖向组合上极富变化，但并不排除轴线的有序贯穿，使灵活寓于规整之中。

（1）楼与阁

楼与阁是最引人注目的园林建筑物。体量大、造型复杂，在园林中占有比较重要的地位，往往起到控制全园的作用。如颐和园的佛香阁，就是整个园林的风景构图中心。它高41米，八面三层四重檐，雄踞于万寿山中部20余米高的石台基上，俯瞰昆明湖，金瓦朱阁，气势恢弘大气，彰显了皇家气韵。楼与阁相比更轻盈、灵巧，一般多为二至三层，重檐，四面开窗，平面多方形或多边形，歇山顶或攒尖顶，构造与亭类似。如画中游建筑是万寿山前山西部的视景中心。德和园戏楼为中国现存最大的古戏楼。

1. 颐和园佛香阁
2. 颐和园画中游
3. 德和园大戏楼，高21米，底层舞台宽17米，分上、中、下三层。

1

2

3

1. 清漪园时的文昌阁（〔意〕费利斯·比托摄于1860年10月） 这是清漪园被毁前的照片。通过与现在的颐和园文昌阁对比可以看出，清漪园时期的文昌阁比后来光绪年间重修的文昌阁要大得多，是一座三层阁楼建筑，中间还有西洋报时钟。可惜的是，在拍完这张照片后的第二天，清漪园文昌阁就被英军无情地焚毁了。
2. 现在的颐和园文昌阁
3. 北海琼岛阅古楼 位于琼岛白塔西侧，为两层楼宇，左右环抱成半月形。
4. 北海万佛楼（〔日〕小川一真摄于1901年） 位于北海西北角，与“极乐世界”统称“小西天”。清乾隆三十五年（1770），高宗为庆贺其生母六旬寿辰，“建楼范佛，以纪庆典。内外王公、大臣亦有请铸佛像为祝者，统以万计，并奉楼中，因以万佛名楼”。万佛楼与白塔遥遥相望，既是造园的主题，更是皇家园林意境的高潮，堪称乾隆时期的经典作品之一。
5. 北海琉璃阁（〔日〕小川一真摄于1901年）

1.北海琼岛远帆阁在琼岛北麓游廊部西侧，此阁正面有前廊。

2.北海琼岛远帆阁（老照片）

3

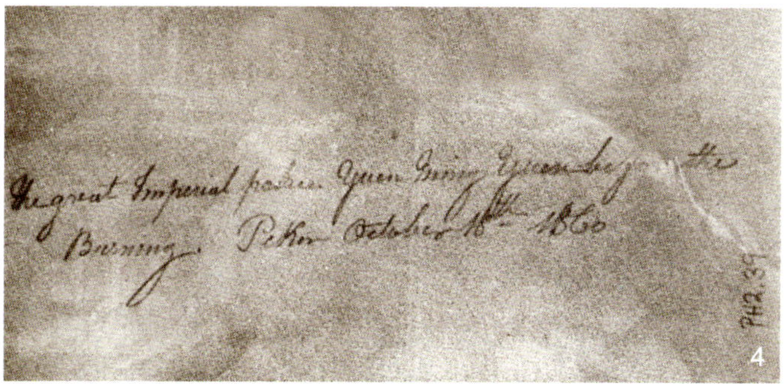

4

圆明园的一幅照片和摄影者手迹

这是一张极为珍贵的圆明园未被烧毁时的照片（图3）。在照片的背后有两行摄影者当时的记录："伟大的帝王宫殿圆明园在烧毁之前（的一座建筑）北京1860年10月18日"。（图4）

这个建筑的造型十分奇特，结构极其精美，是一座两层重檐的楼阁形建筑。屋顶以蓝或绿色琉璃瓦黄剪边六角攒尖顶。最为奇特的是其台基为六角星形平面，台阶置于星角之间。

像这样六角星形的平面在圆明园中甚罕见。据有关记载，在清漪园与圆明园同时烧毁之前的景福阁，是一座平面如莲花的"昙花阁"佛殿，也是六角形。我也进行过比较，从阁的上层看进去，是空透的，没有佛像菩萨供奉的情况，下层也不似供奉菩萨的建筑，不应是佛殿。最为重要的是照片的后面明确写的是圆明园。至于是圆明园中哪一座建筑，尚待进一步查考和考古发掘证实。

——罗哲文撰文

1

2

(2) 塔

塔是中国寺庙的标志性建筑。开始时是移借模仿印度佛教建筑中的塔的形制，原形意味十分浓烈，上细下粗，是非中空的石坊，后来才分出外壳和核心，变成了塔。佛教完成中国化改造以后，中国寺庙的塔在结构、用材、配置及装饰上都带上了浓重的中国色彩。塔的形制多样，可登临的空心塔、楼阁式木塔以及密檐式、金刚宝座式、花式、过街式、门式、多顶式、圆桶式、钟式、球式、高台式塔等相继出现。随着寺庙建筑在皇家园林中的大规模建设，塔这种独特的建筑形式便大量地出现在园林中，成为表达佛教思想的重要景观建筑。塔往往建造于曲水转折处或山之峰顶，成为一园或一区的主景，也暗含镇守一方保平安的吉祥寓意。

玉泉山的塔

玉峰塔影是玉泉山静明园的重要景观，至今园中还保存有南高峰定光塔（玉泉塔）、北高峰妙高塔、西南侧峰华藏海石塔、西山麓声圣缘寺琉璃塔等四座形制和风格各异的京西名塔。

1. 香山（静宜园）碧云寺金刚宝座塔局部
2. 玉泉山西南侧峰华藏海石塔（老照片） 这张照片把华藏海石塔完整拍摄下来，同时，照片还可以看到“云外钟声”景区建筑。最可贵的是照片上摄入两个西方女子。
3. 玉泉山南高峰定光塔（玉泉塔）
4. 玉泉山（静明园）定光塔和妙高塔
5. 玉泉山裂帛湖水中小石塔
6. 玉泉山北高峰妙高塔

颐和园后山的四大部洲景区，有原须弥灵境的四座喇嘛塔遗存。这四座藏式佛塔为绿、白、红、黑四色，位于景区原主体建筑香岩宗印之阁的四角，象征着密宗"五智"中的四智。阁本身为"法界体性智"，西北角上的白色塔为"大园镜智"，东北角上的黑色塔为"平等性智"，西南角上的绿色塔为"妙观察智"，东南角上的红色塔为"成所作智"。

1.颐和园四大部洲俯视全景
2.四大部洲琉璃塔（白塔）
3.四大部洲琉璃塔（黑塔）
4.四大部洲琉璃塔（绿塔）
5.四大部洲琉璃塔（红塔）

2

3

4

5

1

2

（3）亭

亭是北京皇家园林中极具表现力的园林建筑，形式特别丰富，有方亭、角亭、圆亭、扇形亭等，也可分半亭、独立亭、桥亭等。或筑于高处，或叠于山脚，或依山而建，或临水而兴，或藏于林木深处，随处可取，各具特色。

景山五亭颇含佛教曼陀罗之意，既是仰观景山的重要景点，又是统览紫禁城全景的绝佳场所。景山还被视为北京的“镇山”、紫禁城的“屏扆”。北海五龙亭曲折蜿蜒于水中，倒影成趣，成为北海北岸的观景中心。颐和园的廓如亭是北京皇家园林中最大的亭式建筑。

3

景山五亭

清顺治十二年（1655），将紫禁城中轴线上的镇山“万寿山”改名为景山，并于乾隆十五年（1750）在山上建五亭。自西向东依次为辑芳亭和富览亭、万春亭、周赏亭和观妙亭。五座亭子的形制各有不同，万春亭为方形，顶为三层四角攒尖并铺黄琉璃瓦。辑芳亭和观妙亭为重檐圆攒尖顶，富览亭和周赏亭为重檐八角攒尖顶，琉璃瓦。

1.景山五亭
2.辑芳亭
3.富览亭
4.从倚望楼仰视万春亭
5.周赏亭
6.观妙亭

1. 俯视北海五龙亭和极乐世界方亭，五龙亭原是皇帝和文武官员垂钓处，极乐世界又称观音殿。从琼岛向北遥望似一条水龙浮出水面。
2. 北海极乐世界方亭的藻井由数层盘龙和斗拱组成，显示了极高的建筑等级。
3. 北海团城圆形平顶的镜澜亭
4. 北海五龙亭是极佳的观景点，由此可欣赏琼岛上参差错落的楼台亭阁及巍峨的白塔。
5. 北海妙相亭为重檐八角亭，亭内有一座十六面形石塔，上刻10世纪初僧人贯休画的十六应真像和乾隆的赞语。

4

5

1

2

3

4

1.颐和园廓如亭俗名八方亭，是颐和园中最大的亭。

2.颐和园知春亭位于昆明湖东岸的小岛上，是园内赏春观景佳处。

3.颐和园五方阁铜亭是中国目前尚存的工艺最精巧、体量最大的铜铸品。

4.颐和园谐趣园廊亭

5.颐和园扇面亭

6.颐和园观生意方亭

5

6

霞天成

（4）廊

廊在园林中起穿插、联系的作用，是园林景色的导游线。有曲廊、直廊、波形廊、复廊，或沿墙而走，或顺山爬行，或环水而绕，或桥上设廊。最著名的莫过于颐和园的长廊。长廊总长728米，廊身随万寿山南麓地势高低起伏，四座八角重檐亭是高低和变换的连接点，利用左右的结景转移人们的视线，长廊上绘苏式彩画一万四千多幅，堪称世界上最长的古建画廊。

1.颐和园长廊，与昆明湖平行而建，形成优美的弧线。
2.颐和园长廊檩枋上的花鸟彩画
3.颐和园长廊留佳亭迎风板上的彩绘“桃花源记”

2

3

1

2

3

1.颐和园长廊留佳亭内西悬“文思光被”匾，迎风板上绘有悟空战哪吒彩画。
2.颐和园乐寿堂的游廊
3.北海亩鉴室的爬山廊
4.北海濠濮间的爬山廊
5.北海琼岛看画廊的爬山廊
6.颐和园连接对鸥舫与长廊的游廊

1

2

1. 北海琼岛漪澜堂楼廊，东起倚晴楼，西至分凉阁，为两层楼廊，有延楼60间，临水游廊60间，总长300米。强调了水平湖岸线。碧照楼和远帆阁坡形楼顶使楼廊顶形成优美的曲线。凸现了“虚横三百间，正压江湖白”的宏大气魄。
2. 俯视北海阅古楼（可看到里面为两层的楼廊与临水游廊相呼应）
3. 北海漪澜堂的复廊
4. 北海画舫斋绿意廊

3

4

(5) 舫

舫俗称旱船，是一种船形的皇家园林专有建筑，寓意天下太平、江山稳固。多建于水边，前半部多是三面临水，使人在其中有置身舟楫之感。颐和园"清晏舫"位置选得很巧妙，恰像正从后湖开来的一条大船，为后湖景区的展开起着景露意藏的作用。香山的绿云舫是一座真正的旱船，建在山脊高处，行于云海之中。现未名湖的石舫就是和珅被杀头的罪状之一——违制的证物。

1. 北京大学石舫
2. 颐和园清晏舫

2

1

(6) 榭

榭又称水阁，一般是临水的园林建筑的统称。建于池畔，形式随着环境的不同而变化很大。四周通透开敞，平台挑出水面，实际上是水边观览园林风景的建筑。根据所处的环境和园林功能的需要，其命名多种多样。颐和园昆明湖长廊东西两侧，临水对称坐落两座水榭——对鸥舫和鱼藻轩。两水榭东西遥对，使长廊一线景致变化丰富。

2

1. 颐和园昆明湖对鸥舫
2. 颐和园昆明湖鱼藻轩
3. 北海静心斋沁泉廊
4. 北海濠濮间

3

4

(7) 桥

桥是人类跨越山河天堑的技术创造，能引起人们无限美好的联想，故有人间彩虹的美称。北京的皇家园林多是自然山水园林，地形变化与水路相隔，非常需要桥来联系交通，沟通景区，组织游览路线。园林中的桥更以造型优美、形式多样见长，一般采用拱桥、平桥、廊桥、曲桥等类型，有石制的，有木制的，与园林的山水环境融为一体，渲染出江河的豪迈、水乡的恬静。它不但有增添景色的作用，而且用以隔景和框景，在视觉上产生扩大空间的作用。

1. 十七孔桥两端有四只石刻异兽，形象威武，极为生动。
2. 从西堤透过练桥望十七孔桥。
3. 界湖桥位于昆明湖和后湖转折处，以分界湖水得名。
4. 豳风桥，原名桑苧住桥，仿江南水乡景点，是西堤长方形重檐四角攒尖顶桥亭的屋桥。
5. 玉带桥是西堤中唯一的高拱石桥，是当年乾隆从昆明湖乘船到玉泉山的通道。
6. 练桥，桥名源自“澄江静如练”诗句，西堤有四角攒尖方顶重檐桥亭。
7. 柳桥，因杜甫“柳桥晴有絮”诗句而名。
8. 镜桥，由李白“两水夹明镜，双桥落彩虹”诗句得名，建有八角重檐桥亭。

3

5

4

6

7

西堤六桥

颐和园西堤六桥中的柳桥、练桥、镜桥、豳风桥、界湖桥（桥亭被毁）和石舫近旁的荇桥上，都建有桥亭。这几个桥亭，结构各异，从南到北，建筑形式由简单到复杂，形成由西堤自然风光到万寿山主体建筑的过渡。每至夏季，桥畔堤柳成荫，荷叶如盖，苇草青青，玉泉山宝塔如画，群峰似屏，犹如江南清丽的景色。

8

1

2

3

1.北海永安桥是连接琼岛与北海南岸的通道，原名堆云积翠桥。

2.北海琼岛西岸的玉带桥。

3.世界最短的石板桥——北海烟云尽态亭桥仅长0.57米。

4.北海濠濮间曲桥

5.圆明园被毁后仅存的石拱桥。圆明园盛时，三园建有石、砖、木结构的各式园林桥梁一百余座，经过1860年英法联军焚毁及后来的破坏，现仅存此单孔石拱残桥。

6.圆明园廓然大公规月桥。这是圆明园一张木建筑未毁前的照片，非常珍贵。这张照片的拍摄时间应该在1860—1900年之间，此时廓然大公规月桥躲过英法联军的浩劫，尚保存完好。

(8) 中轴线和建筑组合

云辉玉宇牌楼—排云殿—佛香阁建筑组群是颐和园万寿山的前山轴线，集中了佛香阁、万寿山昆明湖碑、宝云阁铜殿等三座颐和园中最重要的功能景观建筑。建筑群的组成运用了阁、殿、楼、堂、亭、廊等多种建筑形式的排列、组合，南起昆明湖北岸的云辉玉宇牌楼，爬经大宫门、二宫门、排云殿、德辉殿、佛香阁，直至众香界、智慧海，东西两侧有汉、藏佛教式样的寺庙组群转轮藏与五方阁，层层叠叠，逐级上升，恢弘有序，磅礴大气。严谨的秩序蕴含了旧中国的封建伦理理念，控制着颐和园的视觉景观。

1

1. 颐和园万寿山前山中部建筑全景，为一大组建筑群，成为总体规划里前山的核心部分。
2. 颐和园排云殿、佛香阁中轴线平面图

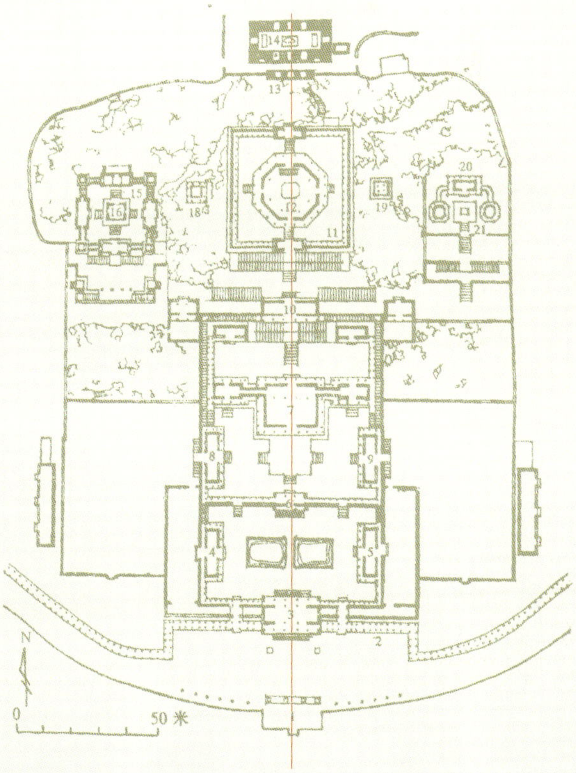

排云殿、佛香阁中轴线平面图

1—云辉玉宇牌楼；2—长廊；3—排云门；4—云锦殿；5—玉华殿；6—二宫门；7—排云殿；8—紫霄殿；9—芳辉殿；10—德辉殿；11—塔台；12—佛香阁；13—众香界；14—智慧海；15—五方阁；16—宝云阁；18—撷秀亭；19—敷华亭；20—转轮藏；21—湖山碑；

2

1

2

3

4

5

6

7

8

9

1. 颐和园排云殿前牌楼为中轴建筑的起点（〔日〕小川一真摄于1901年）
2. 颐和园排云殿大门
3. 颐和园排云殿配殿
4. 颐和园排云殿二门
5. 颐和园排云殿二宫门前的观赏池
6. 颐和园排云殿，是本组建筑群的主殿。
7. 颐和园排云殿内陈设
8. 从颐和园佛香阁俯视宫殿组合。
9. 颐和园德辉殿的爬山廊

1. 仰视颐和园佛香阁。
2. 从颐和园德辉殿俯视排云殿。
3. 俯视佛香阁爬山廊。
4. 颐和园众香界琉璃牌楼和智慧海（〔日〕小川一真摄于1901年）
5. 颐和园众香界琉璃牌楼和智慧海
6. 颐和园佛香阁景区的航拍片，从中可以清楚地看到景区的南北轴线。

5

6

1

万寿山后山的轴线建筑群组合

颐和园后山建筑组群的中轴线是一组临摹青藏高原风貌的佛教寺庙式风景轴线。建筑形式多采用藏式符号，如普遍利用的盲窗和四大部洲、四小部洲，极具西藏风情特征。从北宫门开始，经松堂、虚弥灵镜、香岩宗印之阁、四大部洲依次南进，逐级抬高，以殿、堂、庙组成了万寿山后山的轴线景观。

2

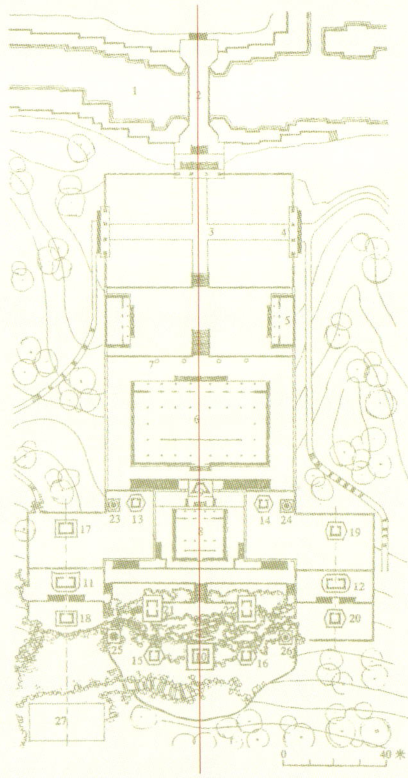

须弥灵境复原后的总平面图

1—后湖买卖街；2—三孔石桥；3—庙前广场（松堂）；4—牌坊；5—配殿；6—须弥灵境殿；7—石墩、铜鼎；8—香岩宗印大阁；9—南赡部洲殿；10—北俱卢洲殿；11—东胜身洲殿；12—西牛贺洲殿（以上四处为四大部洲殿）；13—筏罗遮末罗洲殿；14—遮末罗洲殿；15—悉拉婆洲殿；16—矩拉婆洲殿；17—金鬘洲殿；18—嗢怛罗漫怛里拏洲殿；19—提河洲殿；20—毗提河洲殿（以上八处为八小部洲殿；21—日光殿；22—月光殿；23—红色塔；24—绿色塔；25—黑色塔；26—白色塔；27—智慧海

3

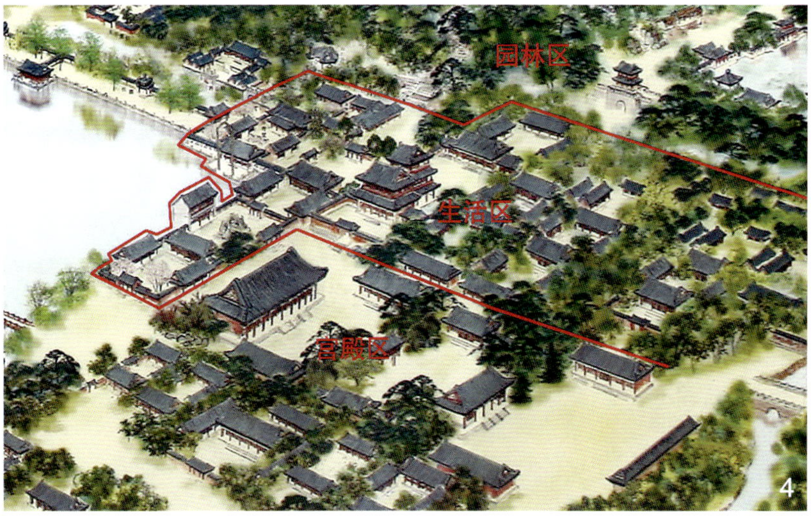

颐和园政治功能区的轴线

涵虚罨秀牌楼—东宫门—仁寿殿建筑组群是颐和园政治功能区的建筑轴线。从东往西，由涵虚罨秀牌楼、大影壁、东宫门、仁寿门、仁寿殿组成四进院落，严格遵循左右对称原则，如南北朝房、南北九卿房、仁寿南北殿、南北国花台，建筑形状、间数以及栽植树木完全一样，规矩严整，庄严肃穆，满足了皇家园林中政治活动的需要。

宫殿区：牌楼、宫门、二门、仁寿殿、配殿

生活区：玉澜堂、德和园、宜云馆、乐寿堂等

园林区：万寿山诸景点、谐趣园、耕织图、昆明湖等景点

1.颐和园须弥灵境（四大部洲）
2.须弥灵境想象图
3.须弥灵境复原后的总平面图
4.颐和园功能分区鸟瞰图
5.颐和园东宫门外的涵虚罨秀牌楼
6.颐和园仁寿门

1

2

3

五方阁与转轮藏建筑群

五方阁位于佛香阁西侧的高大台基上，与转轮藏对称，是一组宗教建筑。建筑群坐北朝南，前俯绿水，后倚青山，地势高敞，环境清幽，是一组方正的院落。

转轮藏位于佛香阁东侧，也是一组佛教建筑，坐北朝南，由一座正殿和以飞檐连接的两座配殿组成庭院，中心耸立着万寿山昆明湖石碑，建筑群南围墙有棂星门。

1.从借秋楼前的平台遥望澄辉阁。

2.画中游正殿

3.画中游石牌楼　石牌楼南面刻有“山川映发使人应接不暇”，配联“幽籁静中观水动，尘心息后觉凉来”。点出人们在画中游的感受。

4.通往澄辉阁的爬山廊。

5.俯视爬山廊。

6.从澄辉阁俯视湖光山色共一楼，和远处的佛香阁遥相呼应。

7.颐和园湖光山色共一楼，通过游廊与鱼藻轩相连接。

8.颐和园听鹂馆全景

9.听鹂馆院内的大戏台

6

7

8

9

3.生机盎然的花木配置

北京皇家园林的植物配置，与私家园林侧重一花一木的姿态色香有所不同，它更富于天然植被的自然景象。其配置原则大体是：按不同的山水环境采取不同的植物素材，大片栽植以突出各地段的景观特色，渲染各自的意境；在时间上既注重季节的变化，又保持终年常青。松、柏是北方的乡土树种，四季常青，岁寒不凋，被赋予人的品格，作为“高风亮节”和“长寿永固”的象征。这些都符合帝王的统治思想，因而松柏成为皇家园林的主要基调树种。在平地和庭院中，多栽植具有吉祥寓意的花木品种，如用玉兰、海棠和牡丹象征“玉堂富贵”。在一些小园林当中为表现江南园林的婉约多姿，甚至直接引种南方的梧桐、翠竹。湖畔堤旁多栽植桃柳，形成桃红柳绿的传统景观。湖中多植以荷花为主的水生植物，形成宛若江南的水乡风貌。

1

2

1. 北海团城松树之遮荫侯是北京唯一现存的被皇帝命名并封有爵位的古树。
2. 北海画舫斋唐槐，为皇家园林中现存最古老的槐树。
3. 北海团城松树之白袍将军。

1

1.北海古柳
2.北海荷花
3.景山牡丹

颐和园十七孔桥前桃花

1.颐和园西堤练桥前的秋荷
2.颐和园介寿堂院内人字柏
3.颐和园谐趣园中碧桃
4.颐和园邀月门前玉兰
5.故宫御花园内的龙爪槐

4

5

1.颐和园昆明湖畔古柳
2.颐和园后溪河的槲树
3.香山松树之听法松
4.中山公园的古柏

3

4

4.华美典雅的装修陈设

园林中各处殿宇的装修陈设，都具有各自的功能，以满足帝王园居生活的多种需要。同时，作为殿宇内部的重要装饰物，往往利用它们来烘托内部空间的主次，弥补内部空间的单调，丰富建筑物内部的艺术表现力。皇家的气派，皇家建筑等级森严的规制，在家具的款式、配列、布置方面也都有反映。

香山（静宜园）勤政殿的陈设，殿内正中悬挂乾隆御笔匾对，地平床上置金漆屏风、金銮宝座，书格内藏有全套《古今图书集成》，可谓皇权威仪和书卷气息集于一体。

與和氣游
林月映宵衣寮宷一堂師帝典
山以仁為

1

（1）殿堂陈设

皇家园林建筑室内的家具、字画、什件、灯具等所有器物，既是各类园林建筑发挥功能的媒介，又起着装饰美化空间、营造意境的作用，并表达出历史时代特征和园居主人的地位、品位。颐和园的乐寿堂曾是慈禧皇太后的寝宫，中堂按照“一堂宝座”的格局摆放陈设，屏风、掌扇、宝座、御案、镀金香炉和大果盘一应俱全，富丽堂皇。寝室家具陈设则突出典雅、精致和舒适的特点。延赏斋位于颐和园耕织图景区，是当年帝王读书、赏景、品茗的书斋，室内陈设依据嘉庆十二年的陈设清册布置，古朴自然，充满了消闲清怡的气息。德和园内颐乐殿，是慈禧太后的看戏殿，殿内正中安设宝座，后置百鸟朝凤屏风，烘托出富贵喜庆的气氛。

2

1. 颐和园乐寿堂正厅内陈设
2. 颐和园乐寿堂侧室的陈设
3. 颐和园延赏斋的陈设

（2）建筑装饰和室外陈设

精美的建筑装饰是园林建筑的重要组成部分。装饰的部位往往都是处于构件交接的部分，例如：房脊、柱头、栏杆、门铙等都是结构上的关节。垂脊上的装饰吻兽和瑞兽，不但构成建筑各部分美的装饰，而且也是一种权贵的象征。明清时期规定，在垂脊上瑞兽排在骑凤仙人之后，其顺序为：龙、凤、狮子、天马、海马、狻猊、押鱼、獬豸、斗牛等，级别最高的园林建筑也不能超过这九种。

在皇家园林的庭院空间中，往往放置一些审美价值很高的陈设。这些“露天陈设”类型丰富，既有巧夺天工的人工石雕，也有自然造化的天然奇石，还有工艺精湛的铜质工艺品。这些艺术品放置在专门制作的石雕台座上，既强化园林空间的艺术性，又丰富了园林的文化内涵。如：北海的铜质仙人承露盘，相传就是清乾隆皇帝仿汉武帝建造神明台求得仙露的典故铸造的；颐和园的铜牛置于昆明湖东岸，有“镇水安澜”之意；乐寿堂内的青芝岫镌刻着乾隆皇帝的审美感悟。

1. 颐和园颐乐殿百鸟朝凤宝座与座屏
2. 坐落在北海琼岛北坡的仙人承露盘

2

1

2

3

1. 故宫御花园钦安殿房檐上的脊兽
2. 御花园钦安殿旗杆座上的龙纹浮雕
3. 颐和园铜牛（寓意镇水，牛背上刻有金牛铭）
4. 颐和园仁寿殿守门青铜兽（麒麟）
5. 颐和园乐寿堂内的太湖奇石青芝岫

4

5

(三)和谐一统的园林形态

康乾盛世（1661—1796），全国的经济总量占据世界第一位。其农业、手工业、城市建设的科技水平，都曾达到世界先进水平。博学的康乾二帝，接受并把握了传统园林文化的精髓，尤其是通过巡幸出游，深谙"江南之秀丽"，"北国之雄奇"，"西土之殚陈"，积累了丰富的园林体验和知识。

在这样的背景下，以清漪园建成为标志，北京西北郊的"三山五园"初告落成。它绵延20余华里，占地千余顷，是当时世界上规模最大的皇家园林。它汇集中国南北造园技术，吸收欧洲造园艺术成果，调用全国的造园名家和名匠，使用最好的材料和最新的技术，历时100多年的苦心经营和创造，才告完成。

在乾隆主持修建的"三山五园"中出现了各种性格迥异的园林类型，除传统皇家园林独有的内容和形式外，还大量兼容了私家文人园林及书院园林、公共风景园林、汉地道观和佛教寺庙园林、藏传佛教寺庙园林，以及由传教士带来的西洋园林等内容和形式。一方面，这些不同类型的园林丰富了清代皇家园林的内容、形式和功能，形成了文化上多元共生的磅礴气势，显现出乾隆盛世的独特风貌；另一方面，众多功能、内容和形式的协调处理，也必然给皇家园林创作带来更为错综复杂的关系。营造园林的设计者相当圆满地解决了这些难题，而作为造园主持人的乾隆皇帝，是最终决策者。从文化意义上看，丰富的园林建筑形态，其实是儒家文化、释教文化、道教文化、萨满教文化、藏传佛教文化和西洋文化的不同反映。将它们兼容并蓄，在园林中成功地集中展示和诠释，也体现了乾隆皇帝在园林艺术和政治艺术领域中协和万方的卓越才能。

1

1.江帆楼阁图（唐·李思训作）
画中游人在江边活动，以细笔勾勒山石轮廓，赋重青绿色，富于装饰性。后来的皇家园林体现了传统园林文化的精髓。

2.圆明园四十景·蓬岛瑶台

1.千古积淀汇造园精华

中国造园理论和技法历经2000多年的创造和总结，至明、清已结出丰硕成果。清代皇家园林凝集千古之智，创作出许多融会古今的园林艺术珍品。"一池三山"在皇家山水园林规划中被反复运用就是一例。按照我国古代神话传说，在东海中有蓬莱、方丈、瀛洲三座仙山，为神仙居所。具有浓厚求仙思想的秦始皇曾在离宫兰池宫中开凿兰池，在池中堆筑蓬莱山。汉武帝在长安建造建章宫时受此启发，在宫中开挖太液池，在池中堆筑三座岛屿，并取名为"蓬莱"、"方丈"、"瀛洲"，以模仿仙境。此后，这种布局成为帝王营建宫苑时常用的布局方式。

2

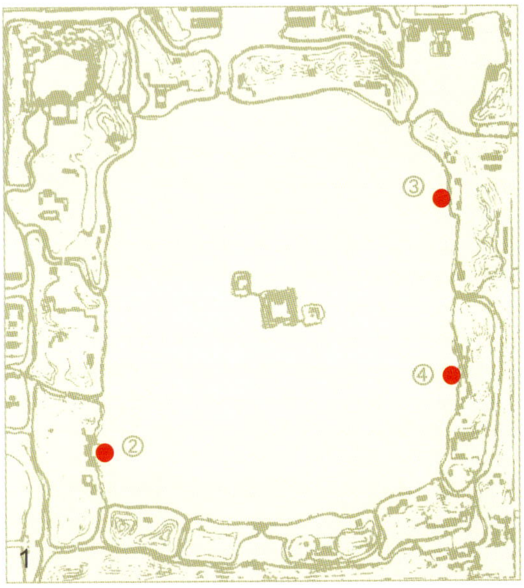

福海景区

圆明园湖泊面积124公顷，占全园面积1/3强。最大湖面福海近似正方形，周长600米，面积34.48公顷，处于圆明园中心位置。福海被比拟成西湖，在其周围仿建"西湖十景"。各景区依水而建，独成单元，而且均沿用了原名，体现了西湖的景区意境。

1.圆明园福海景区内澡身浴德等景点位置示意图
2.圆明园四十景·澡身浴德
3.圆明园四十景·寒虚朗鉴
4.圆明园四十景·接秀山房

3

4

2.南北西东集园林文化

"康乾盛世"时期是世界文化与经济的重要转折和碰撞时期，东西方文化通过贸易和宗教的交流相互传输，国内南北文化的交流也随着国家的统一和经济的发展更加紧密。反映在皇家园林的创作上，就是将西方园林和江南园林中那些长期以来形成的景物原形，加以总结、概括和抽象，从中提炼出园林造景的模型法则，并结合北方的自然环境、地域特质、人文因素、建筑要素等具体条件，因地制宜地将那些适于北方皇家园林的类型进行摹拟整合。这丰富了北京皇家园林的文化内涵，将北京的皇家园林创作推向了成熟和繁荣。

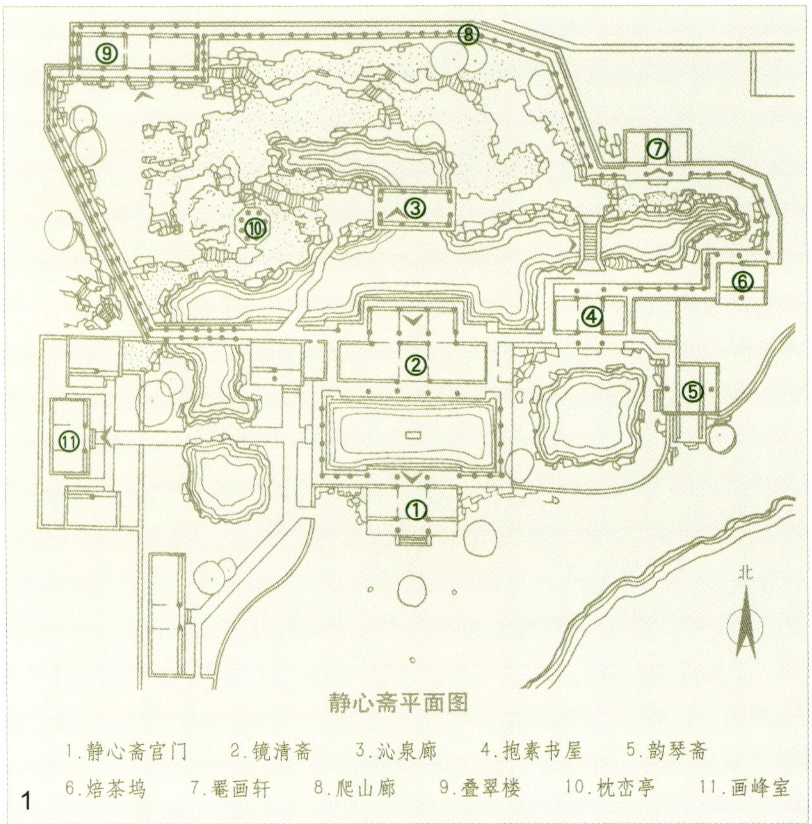

1

静心斋

静心斋是苏杭优秀园林与北京皇家园林结合的经典之作，被称为乾隆小花园。建于1756年，经1887年大规模的修葺，形成今日之格局。镜清斋是静心斋园林的正殿，前后均临水池，乾隆皇帝有诗曰："临池构屋如临镜"，意谓以水为镜，经常照一照自己的品行。园中有静心斋、韵琴斋、抱素书屋、枕峦亭、叠翠楼及沁泉廊等古色古香的建筑。它们与园内太湖石山景、翠竹花草、透空花墙相互辉映。从哪个角度看，该园都是一幅风景画。

1.北海静心斋平面图
2.北海静心斋内主要建筑镜清斋
3.北海静心斋雪景
4.在枕峦亭上俯视静心斋全园

2

3

4

1

2

3

4

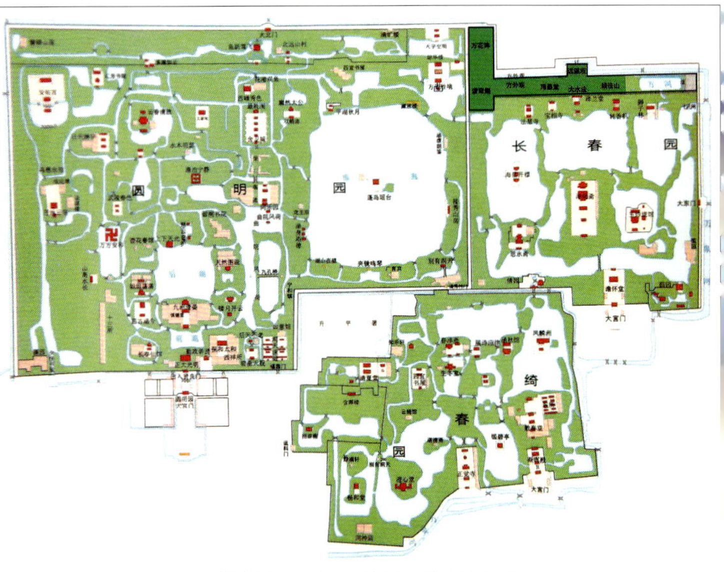

5 西洋楼景区在圆明园内的位置图

圆明园

西洋楼景区位于长春园北界，是圆明三园中集中仿效欧式园林建筑的代表作。由谐奇趣、黄花阵、养雀笼、方外观、海晏堂、远瀛观、大水法、线法山、线法画等十余座欧式建筑和庭院组成，占地约8公顷。乾隆十二年（1747）开始筹划建设西洋楼，至二十四年（1759）基本建成。西方传教士郎世宁、蒋友仁、王致诚等担当设计监修，中国匠师建造。建筑形式采用欧洲文艺复兴后期的巴洛克风格，造园形式则为勒诺特风格。一些中国的传统手法亦兼用于造园和建筑装饰方面。西洋楼全盛期，清宫制有一套铜版图，为建筑立面透视画20幅。乾隆五十一年（1786）成图，由宫廷满族画师伊兰泰起稿，造办处工匠雕版完成。

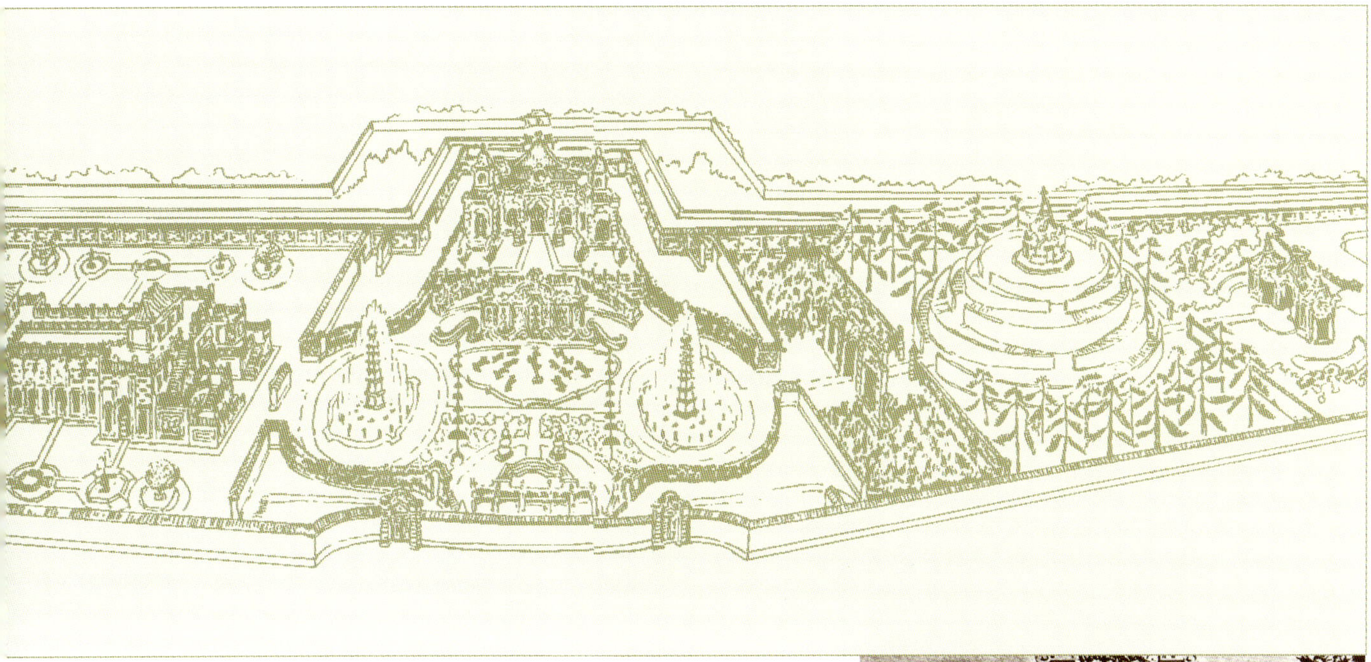

1.圆明园西洋楼景区鸟瞰示意图
2.圆明园西洋楼景区远瀛观(铜版画)
3.圆明园西洋楼景区海晏堂(铜版画)
4.圆明园西洋楼景区谐奇趣南面(铜版画)
5.西洋楼景区在圆明园内的位置图
6.圆明园西洋楼景区方外观遗址
7.圆明园西洋楼景区远瀛观遗址(摄于1871年)
8.圆明园西洋楼景区大水法遗址(摄于1871年)
9.圆明园西洋楼景区谐奇趣正厅遗址(摄于1871年)

1

2

3

4

3.儒释道教融自然平和

北京皇家园林是物化了的中国传统文化思想的总汇。儒、道、佛三家所构成的三位一体的文化基本框架，支撑着整个中国传统文化的大厦，又深深地烙印在古都园林中。其艺术创作手法就是把宗教美学的内涵，通过对原形的艺术再创作，并赋予其审美意义，运用于园林景观建设。如：伽蓝七堂的佛庙格局本身就是儒家伦理等级的秩序和佛教思想的完美结合。移挪到皇家园林中，又融合了儒道孔庄对自然审美境界的认识，将山壑泉流和苍松古木与庙堂台殿共同组合，创造了禅境殊胜的园林景象。置身这样的环境，使人自然会有空无、寂灭的境悟，伴着古寺林泉，月亮仿佛法轮圆满，水面犹如天镜幻化出宇宙大千世界。

1.香山（静宜园）碧云寺金刚宝座塔
2.香山碧云寺全图（局部）
3.香山罗汉堂鸟瞰
4.香山碧云寺水泉院三世佛窟
5.香山碧云寺罗汉堂中的罗汉像
6.香山碧云寺水泉禅院

5

6

1

碧云寺

碧云寺始建于元代，初名碧云庵，乾隆十三年(1748)重修改建，并由皇帝用汉、蒙、满、藏四种文字亲笔题写"碧云寺"金字匾一面，悬挂于山门之上。寺庙依山势而建，逐层升起，六进院落自成格局，北轴心上保留了以卓锡泉闻名的水泉院。建筑风格既保留了明代佛寺的禅宗特点，又吸收和发展了佛教密宗的建筑形式，同时还存有儒、道的痕迹，且具备皇家寺庙园林的气势。

1. 香山碧云寺金刚宝座塔上的石雕　金刚宝座塔是佛教密宗建筑，为释迦牟尼悟道成佛的纪念塔。塔上布满大小佛像、金刚力士等反映佛教内容的浮雕。
2. 香山碧云寺石牌楼正面石雕　石牌楼两侧照壁上刻有节、孝、忠、廉人物浮雕，此图为左侧照壁。内容为：蔺相如为节，李密为孝，诸葛亮为忠，陶渊明为廉；人物旁均有书童侍候，周围镌刻山石、祥云、树木。俗称"忠孝廉节"牌楼，反映了儒家思想。
3. 香山碧云寺石牌楼背面浮雕"八仙"之一李铁拐。
4. 香山碧云寺石牌楼背面浮雕"八仙过海"局部，与李铁拐均为表现道教的内容。

2

3

4

香山碧云寺石牌楼

三、品味皇家园林的人文情怀

清王朝入主中原后，从康熙皇帝起便注重学习一切有益的东西。清代的皇帝们既具有很高的汉文化修养，又保持了满族先祖无拘无束驰骋山野的豪放之气；既厌恶明代皇帝长期囿居宫禁的生活方式，又难耐京城内炎夏溽暑之苦。因此，清代帝王极为看重同大自然山川、林泉相亲近的园林生活，从顺治在南苑行猎，康熙建第一座离宫型皇家园林——畅春园起，帝王在园林中安居和对园林的建设有了定制。

乾隆在《万寿山清漪园记》中写道："畅春以奉东朝，圆明以恒莅政，清漪、静明一水可通，以为几清暇散志洽澄怀之所……园既成，过辰而往，逮午而返，未尝度宵。"说明圆明园是乾隆居住和理政的地方，清漪和静明园是皇帝养心消闲之所。乾隆仿汉武帝在昆明池训练水军之事，定期来昆明湖观阅水操。

祀神礼佛也是皇家园林中一项重要的活动内容，各园都有唪经礼佛的寺庙。每到与佛教有关的节日，皇帝、皇后都要到供有佛像的殿宇拈香。乾隆朝是建造藏传佛教寺院最盛时期，目的是"绥靖荒服，怀柔远人"。祀龙神是祀祭龙王以祈雨，乾隆曾到广润祠拈香，夜间即获甘霖，遂将广润祠增号为广润灵雨祠。除皇帝常来拈香祈雨外，亦遣官来祭龙神。

观农稼穑重视农桑是历代的主题。中国是以耕织为中心的农业大国，励精图治的帝王为江山的长治久安，不遗余力地操劳此事。先后在西苑、清漪园及圆明园等地设置具有耕织内容的景区，意在重农观稼表率天下。

景观意境是中国园林的一大贡献。皇家园林如诗入画，所形成的园林意境诗文、匾额、楹联等内容，多能显示皇家的气派和帝王风范。这些佳句妙语，不少堪称神来之笔。按其内容可分为：表示帝王勤于政事者，表示宗教意义者，表示哲理者，表示起居生活者，最多为点景者。中国士人素有在壁上嵌以书条石的综合艺术传统，喜欢把历史上著名的书法珍品摹刻在砖石之上，组成系列。皇家园林中也大量引用这种文学艺术与造园艺术相结合的造景手段。阅古楼的三希堂法帖石刻和快雪堂石刻五百多方镶嵌于墙壁，长久保存，既可随时观赏，又能集中品味匾额楹联及碑刻诗文法帖等。

当我们做客皇家园林，不可走马观花，信步游走，而是要心游神行，细细品味，才能从园林艺术中感悟到皇家园林中的人文情怀、皇家园林的意境无穷和情趣无限。

《乾隆行乐图 · 曲水流觞》

(一) 明志澄怀的帝王生活

清代皇家苑囿中包含的帝王生活内容非常丰富，既不乏狩猎、水操、冰嬉、生产等物质性内容，又有大量满足精神生活需要的文人及宗教思想。后者通过对江南园林和寺观园林大量移植仿写而成为清代皇家园林的一个重要美学特征。包括读书、讲经、礼佛、训鹤、教童、见山、抚琴、赋诗、赏画、练笔、垂钓等，皇家园林简直就是一个"游于艺"的理想境界，是帝王借助园林作精神上"逍遥游"的场所。这里天子好乐的目的是广义的艺术欣赏，不单纯是为了娱乐、放荡，而是为了从中汲取必要的哲学陶冶和政治教益。

乾隆帝曾在《圆明园后记》中谈及对园居生活的看法：每一位统治者，在他完成政务、远离他的朝臣后，都必须拥有能在其间随意徜徉、观赏、放松心智的场所。

对于中国帝王而言，"和谐的自然和园林景观就不仅是一种客观的欣赏对象，而且还是自己人格理想乃至宇宙理想的寄寓"。清代皇家园林中以"静"、"清"命名的景点数不胜数。大的如静明园、静宜园、清漪园，小的如静好堂、碧静堂、静虚斋、镜清斋等。此外，清代皇家园林中最富帝王性格的两座离宫园林——圆明园和承德避暑山庄及外八庙，更是最大程度地反映出园主人将园林兼作明志澄怀心斋的愿望。

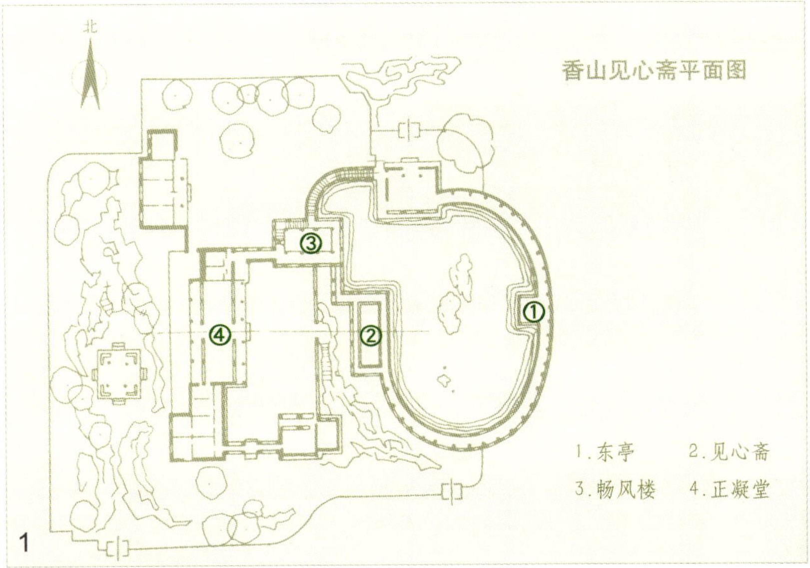

1

见心斋

始建于明代嘉靖元年（1522），清代予以重修。是一座环形庭院式建筑，院内有半圆形水池。沿水池东、南、北三面建有半圆形回廊，连接着正面三间水榭——见心斋。造型别致，环境清幽，具有江南园林特色，为香山著名的园中之园。清代，乾隆曾在此读书和赐宴群臣。嘉庆帝曾在轩内题七律一首，其中四句道："虚檐流水息尘襟，静觉澄明妙悟深。山鸟自啼花自落，循环无已见天心。"

1.香山（静宜园）见心斋平面图
2.雍正参禅悟道图
3.香山见心斋半圆形的水池

1.曲径通幽参禅悟道

中国传统的儒释道思想体系，是清代封建帝国大厦的思想基础，也是帝王驾御国家、统治人民的理论基础。清代皇帝将参禅悟道的学习过程，作为其园居生活的一项重要内容。皇家园林中不仅宗教建筑占据很大比重，而且竭力创造"曲径通幽处，禅房花木深"的审美意象。通过皇家园林中的匾额楹联，及其隐含的宗教典故、思想和境界，使精通佛理的人从中体会欣赏的乐趣；还可以通过园林自然中蕴含的宗教哲理，实现参禅悟道的审美过程。香山静宜园的见心斋就是很好的一例。它将禅宗的"空"与儒、道的"虚、静"融为一体，使园林之乐生自本心，使园林的审美主体得到升华。

1.乾隆古装行乐图
2.乾隆古装行乐图
3.乾隆普宁寺佛装像轴

3

2.柳暗花明恣情娱性

清代皇帝在园林中有很多属于文化性质的活动，撰文写诗是很重要的内容，还有很多书法绘画笔会。乾隆皇帝在问政之余，经常读书，欣赏文学作品和各类艺术品，并与一些艺术家和音乐演奏家交往频繁。乾隆皇帝一生所写的诗中，有一大部分是在园林中完成的。他在《偶仿王蒙铁网山湖律题一句》诗中，曾记下这样一段韵事。乾隆十三年游香山时，他仿王蒙《铁网山湖》作画，画完之后仔细端详，虽然笔法与原作者相比显得稚嫩，但参与创作的满足感依然使他兴奋不已。清代末年的另外一位当权者慈禧，与乾隆的文人气象有所不同，她对戏剧和游园照相情有独钟。每次来颐和园的第二天，都要鸣锣开戏，并亲自参与剧本的改编。

1

2

1. 乾隆观荷抚琴图
2. 乾隆古装行乐图　描绘年轻的乾隆端坐于桌边在蕉叶上写字。
3. 乾隆观孔雀图(局部)　这是一幅描写乾隆皇帝宫廷生活的巨幅作品。乾隆皇帝及内侍数人，在圆明园内观看孔雀开屏。
4. 清代冰嬉图 (局部)
5. 慈禧扮观音像

3

4

5

3.春节宫市彰显民俗

春节是清代皇家生活中的重大节日。每届春节，乾隆皇帝在宫中参加完例行的节庆活动后，便前往圆明园开始一系列的比较自由的各类文化娱乐节庆活动，其中最具特色的就是逛买卖街和观看焰火。

三山五园的皇家园林里大多建成了买卖街。长春园的买卖街建于二宫门外的小河南岸，规模较小。清漪园的买卖街有两条：一条是苏州街，另一条是西所买卖街。静宜园宫门外和万寿寺行宫西路城关以北建有买卖街，这两条建在园外的街，老百姓也可以逛。静宜园内香山寺前也有一条买卖街。长春园的买卖街建在蕴真斋东墙外沿湖一带。最为知名的规模最大的买卖街，是建在圆明园福海西岸舍卫城与同乐园之间的南北长街。

1

1.乾隆雪景行乐图
2.月曼清游图册·闲庭对弈
3.月曼清游图册·碧池采莲
4.月曼清游图册·琼台玩月
5.月曼清游图册·围炉博古
6.颐和园苏州街内蕙兰轩

1.万寿庆典图(局部)　2.钓鱼台行宫养源斋中的同乐园
3.万寿寺行宫碑亭及无量寿佛殿　4.南苑团河行宫

4.万寿庆典有亲情味

乾隆皇帝的生日是八月十三日，钦定为"万寿节"，与冬至、元旦同列为国家的三大庆典。每逢此节，包括皇太后的万寿佳节，都会不惜花费巨额国库钱财来举办各类庆祝活动。其中有几次庆典最为隆重。一次是乾隆十六年(1751)，皇太后六十寿辰。从万寿山新建的大报恩延寿寺到皇宫的路上，分别由内务府和各省督抚搭建了无数经坛和戏台，有玻璃镶嵌墙壁的黄鹤楼，孔雀尾做屋瓦的翡翠亭，各色建筑争奇斗艳。另一次就是乾隆八十岁寿辰，这时他已登基五十年，更值五世同堂，而他已宣布要在八十五岁登基六十年时，禅位于新皇帝，他决定要隆重庆祝。祝寿活动于七月初在避暑山庄拉开序幕，月底返回圆明园在同乐园连演七天《升平宝筏》大庆戏。还有一次最为隆重的庆典就是慈禧六十三岁寿辰庆典。

3

4

5.尊老敬贤颐养天年

孝道是我国古代社会的基本道德规范。早在周代，统治者就大力倡导尊老敬贤的道德风尚，还定期举行养老礼仪。周代的养老礼仪包括朝廷和地方两个层次。在朝廷，天子一般都要定期视察学校，亲行养老之礼，在太学设宴款待三老、五更及群老，以示恩宠礼遇。在地方，则每年都要定期举行乡饮酒礼。儒家极力推崇周代的尊老敬贤思想，并由父母之孝，演绎成五伦之孝，推家及国，以孝齐家，以孝治国，极力推广孝道的教化。自秦代后，历代朝廷都高度重视孝道的正面导向作用。汉王朝提倡"以孝治天下"，选拔官员把"孝"作为一个基本标准。唐玄宗曾亲自为《孝经》作注，使《孝经》成为《十三经注疏》中唯一一部由皇帝注释的儒家经典。清代的康熙、乾隆等皇帝也极力提倡孝道，他们经常在皇家园林中举行"千叟宴"、"九老会"，颁诏"旌表百岁"，昭示其尊老敬贤的教化，推行其以少胜多的统治政策。

1

2

(1) 宁寿宫花园

俗称乾隆花园。乾隆皇帝25岁登基，做了60年的皇帝，乾隆认为他当皇帝的时间不能超过他的祖父康熙，于是他到85岁退位。为了禅位后的生活，乾隆三十六年起用了6年时间修建了这座花园。花园分为四进院落，结构紧凑、灵活，空间转换，曲直相间，气氛各异。花园中的主要建筑物有古华轩、旭辉亭、抑斋、遂初堂、竹香馆、萃赏楼、延趣楼、三友轩、耸秀亭、碧螺亭、符望阁、玉粹轩、倦勤斋等。从乾隆皇帝为这些景物亲笔御题的匾额和对联中，可以体会到封建帝王将政治理想蕴于颐养之所的感悟。

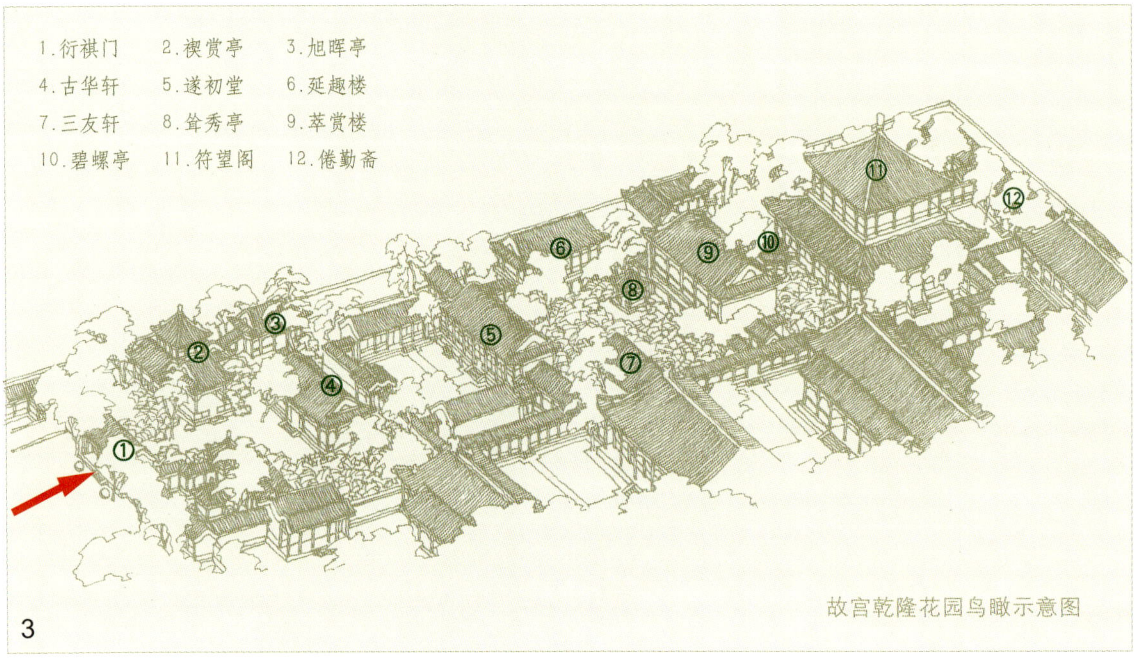

故宫乾隆花园鸟瞰示意图
3

4

5

1. 故宫乾隆花园碧螺亭立面图
2. 故宫乾隆花园褉赏亭立面图
3. 故宫乾隆花园鸟瞰示意图
4. 故宫乾隆花园三友轩屏风
5. 故宫乾隆花园古华轩鎏金匾　6. 香山九老图
7. 香山（静宜园）蒙养园

（2）三班九老制

九老会之制并非乾隆帝的创造，而是仿唐继宋，又有了新的发展。乾隆二十六年（1761），恭逢皇太后七旬大寿，一向标榜“以孝治天下”的乾隆皇帝抓住这个教化世风的好机会，以倡导尊贤敬老为主题，在香山举办了三班九老会。在祝寿人群中邀请了很多老人，并从在朝文职大臣和武职大臣以及致仕大臣中，各选七十岁以上的九位老人，赐游香山静宜园，并请其堂弟弘仟作《香山九老图》以志纪念。乾隆三十六年，按照乾隆帝“十年一举盛会”的谕旨，依例再次举行“香山九老会”。此次三班九老会由画院艾启蒙绘制成图，留存内务府。此次之后，就没有再举行过。

6

7

(二)远离宫禁的政治参与

清代帝王喜欢在远离宫禁的御苑中临朝问政，除由于对自然山川怀有天然情愫外，还与他们深受汉文化熏陶、对士人隐逸文化与园林关系的深刻认识有关。文人士大夫阶层往往因政治失意而退隐于园林之中，以“壶中天地”为庇护所，这种隐逸因无决定权而处于被动地位。清朝皇帝追求“放卷自如”的隐逸生活，既勤政图志，又归隐有度，成功地实现“修身、齐家、治国、平天下”的理想追求。这样一种“高世遐举之志”，自然是一般文人士大夫的堂庙山林之志无法比拟的。

正是基于这样的思想，清王朝定都北京后，除保持明朝的宫殿和城池的政治功能外，又倾国力开发、经营北京西郊“三山五园”和承德避暑山庄，使这两处皇家园林区完全具备了为帝王服务的山水城市功能。

“三山五园”的建造活动是在一定规划控制下进行的。它们轴线对应，景观资借，内容互补，水系相连，道路相通。颐和园在地理位置上处在三山五园的中心，万寿山上的佛香阁、排云殿中央建筑群，是全区重要标志物和借景对象。圆明园作为离宫御园是帝后处理朝政和居住生活的主要地方，处于政治中心的位置，其他四座行宫别苑与其功能上形成互补与延续。乾隆皇帝除出巡外，全年2/3的时间在这里度过。为方便政治活动和保卫帝王安全，王公贵族私园别墅、八旗兵营、衙署代办机构相应增建和迁建过来。当时从海淀至香山，东西长20华里的广大区域内，形成了一个以皇家、王公、贵胄的园林建筑为主，遥相眺望、连绵不断的园林城市，其盛况与西方稍后兴起的“田园城市”实有异曲同工之妙。这里成为清朝统治者既享林泉之乐，又在修心养性的同时“避喧听政”的第二政治活动中心。

1

2

1.韬晦修身避喧理政

"游园不废政务",是乾隆帝游赏御苑和外出巡幸的基本原则。在清代的皇家园林畅春园、静宜园、静明园、清漪园中都设有勤政殿,圆明园有正大光明殿和勤政亲贤殿,皇帝在此批阅奏章、接见臣僚、处理日常政务。康熙皇帝在畅春园施展雄才大略,把国家引向繁荣富强,最后死在清溪书屋。雍正则在圆明园度过了他十几年的帝王生活。雍正十一年,全年共355天,雍正有246天生活在圆明园,占全年天数的约70%。

3

1.颐和园仁寿殿
2.颐和园乐寿堂
3.颐和园玉澜堂
4.香山(静宜园)昭庙鸟瞰示意图

2.怀柔抚慰绥靖四方

"绥靖荒服,怀柔远人"是清政府的重要政治和军事政策。皇家园林不可避免地受到国家政治的影响,当时颐和园、圆明园、北海等园林出现了大量宗教建筑,特别是藏传佛教建筑组群。这不仅是由于景观形象的需要,也出于"兴黄教,即所以安众蒙古,所系非小,不可以不保护之"的目的。公元1780年,是乾隆的七十寿辰,当时的藏传佛教领袖六世班禅额尔德尼不远万里,前来祝贺。乾隆为表尊重,特仿日喀则的扎什伦布寺在承德和北京分别修建了"须弥福寿寺"和"香山昭庙"。班禅到北京后,乾隆帝还亲自与班禅大师一起参加了"宗镜大昭之庙"开光典礼。这些"文治"的举措,收到了良好的政治效果。

4

1.五世达赖喇嘛觐见顺治帝图
2.承德须弥福寿寺
3.香山昭庙
4.乾隆接见土尔扈特部首领渥巴锡图

4

3.静心养性文治武功

清王朝以少数民族入主中原，凭借马背上的武力优势取得天下，时刻保持着政治上的清醒和忧患意识，非常注重沿袭骑射传统和进行武备训练。统治者在大规模营建静心养性之所的同时，也将帝王的文治武功融在园林之中。乾隆为平定大小金川，在香山建立了特种部队健锐营。为了训练和检阅健锐营官兵，乾隆降旨在实圣寺前建造阅武楼一组建筑群。乾隆帝在驻跸静宜园时，多次到御苑门外的演武厅前观看健锐营八旗兵的军事训练，并进行正式的阅兵仪式。乾隆大约进行了三十次亲临阅兵，每次前来，途中必是骑马而不是乘轿，检阅以前要亲自挽弓搭箭做示范操演。

1

2

1.乾隆戎装像
2.香山脚下清代碉楼
3.香山脚下清代演武楼
4.收复小金川图
5.平定金川后在紫光阁赐宴图

3

4

5

1.雍正祭先农坛（局部）
2.雍正农装像
3.雍正亲耕仪式（局部）
4.孝贤皇后祭先蚕图

4.社稷农桑耕耘稼穑

以耕织为中心的农业是中国传统社会最主要的生产部门。升斗庶民为求生存，固然胼手胝足日夜操劳，励精图治的统治者为了江山的长治久安，也未尝不是念兹在兹、不遗余力。关注农桑的主题，甚至深刻地渗透在一般人们认为是仅供帝王游乐的园林特别是清代的皇家园林中。从入关的第一位皇帝顺治起，到康熙、雍正及乾隆即位初年，先后在西苑、承德避暑山庄以及圆明园等地设置了不少具有耕织内容、意在重农观稼并表率天下的景区。清代，在西苑（今北海公园）设立先蚕坛，由皇后主持祭祀先蚕神——嫘祖，行亲蚕礼（采桑喂蚕仪式）；皇帝则在先农坛祭祀先农，行耕礼（犁田仪式），足见农桑对古代中国之重要。

3

4

皇家园林中的农业活动

农业是封建帝国的命脉。封建帝王们对以农耕、蚕织为主的农业非常重视，不但身体力行，在皇家园林中开辟一定的场所亲自从事农业生产活动，同时也修建了大量与农业相关的景点，娱情游赏之际照样不忘民本大计。颐和园的耕织图、圆明园的天然图画、多稼如云、澹泊宁静、武陵春色等多处景观均是描绘田园风光的典范之作。

1

2

3

4

1. 圆明园武陵春色景区初称桃花坞，雍正年间建成，同治时期有很大改动。占地4.5公顷，四面环山，只留南北水路出入口，园林意境刻意摹仿陶渊明《桃花源记》。东部为一汪湖泊，北部桃源深处是一个世外桃源的小村落，西南部是全碧堂建筑组群。
2. 圆明园映水兰香景区内沟壑纵横，山池林列，建筑体量矮小且随山就池，因地而布，大有山林之趣。园景以多稼轩为首，主要有映水兰香、知耕织、濯鳞沼、西山不静、贵织山堂、互妙楼、水精域等，是清帝召见农人、观赏稼穑的最好地方。多稼轩曾藏有元代画家程棨的《耕织图》，贵织山堂悬挂乾隆御制的《农具十器图》，是典型的观农、验农、品农的景点。
3. 圆明园鱼跃鸢飞景区由游廊、竹篱和围墙分隔成大小不同、相互通透的三个院子。主体建筑为二层楼的鱼跃鸢飞，楼上四壁开窗，是欣赏槛外田园风光的理想地点。
4. 圆明园多稼如云景区主要有菱荷香、多稼如云、湛绿、柳浪闻莺四组建筑。景区内东西横跨一道围墙，南面是一方湖，四周筑堤，堤外有河，东北面则小河蜿蜒，阡陌纵横，俨然一派田园风味。

（三）如诗入画呈园林意境

超越景观的创造，以画龙点睛之笔，创造出园林中诗的情感、画的意韵，从而达到扩大人化的自然美境地，是中国园林独有的特色，激发人们情绪上的共鸣，引起人们对某种理念、意趣、品格的联想，从而沟通环境与人的文化情感，创造出“意境”。这种把“意境”列入造景范畴的园林观念，正是中国北京皇家园林区别于世界其他园林流派的本质特征。

乾隆皇帝多才多艺，能诗、能文、能书、能画。他喜欢读诗，主张以诗言志，喜欢以诗纪事，也喜欢与文臣赓唱迭和。乾隆一朝，是宫苑中举行君臣联诗等风雅活动最盛的时期。规模较大的在乾清宫或重华宫，人数较少时则选在环境幽雅的庭园书房，如宫内乾隆花园中的“三友轩”，西苑北海的镜清斋，等等。这也是乾隆对汉文化水平较高的文臣学士表示尊重的一种方式，用乾隆自己的话说，茶宴联句乃“国家吉祥盛事”，在重华宫“度岁庆节最为吉祥”。

乾隆一生写有御制诗文4万余首，其中园林诗占有很大比重，且有大量诗句运用于楹联、石刻和题额上。甚至在一座小小的亭子空间内，也以镌诗的方式拓展有限得景空间，并赋予后者诗意般隽永的时空意象。例如西苑琼岛西岸烟云尽态亭的柱额上，共刻有26首御制诗；规模更小的团城玉瓮亭，四面横额刻有四首乾隆御制诗，柱上刻有46位大臣所作的应制诗。乾隆对于诗情画意的钟爱，不仅反映在运用景名、题匾、楹联等文学手段对园景做直接点题，而且还更多地表现在把前人诗文的某些境界、场景在园林中以具体的形象浮现出来，运用名景摹拟、象征寓意等造园技法，将诗画艺术熔铸于园林艺术中，使园林从总体到局部都充满浓郁的诗画情趣。

1

1.雍正行乐图
2.杭州西湖苏堤春晓（圆明园中天然图画曾仿此景）
3.圆明园四十景·天然图画（局部）

1.释然潇洒的名景诠释

2

在园林里面摹拟山川名景，历史记载不乏其例。例如东汉梁冀私园"采土筑山，十里九坂，以象二崤"，北宋艮岳寿山之仿杭州凤凰山等等。清康熙和乾隆二帝，东巡盛京，西巡五台，南巡江南，北巡塞外，频繁的出巡游幸，在实现政治目标的同时，也为他们营建园林积累了大量素材。清代第一座离宫御苑畅春园就是在康熙南巡后，组织江南山水画家叶洮和叠山名家张然等参与兴建的。乾隆一朝摹拟名胜的规划方式最为盛行，他经营苑囿往往汇集江南的风景名胜于一园之内。诗人王闿运《圆明园宫词》中说，"莫道江南风景佳，移天缩地在君怀"，正是这个时期的皇家诸园的写照。北京皇家园林的名景摹拟，规模巨大，题材广泛，通过这种手法所呈现出来的特殊意境也多种多样。

3

1

2

方壶胜境展现的是圆明园最辉煌的一组建筑，按想象中天上神宫而建。其中大小90间建筑中供奉2000余尊佛像和10余座佛塔。

3

1.圆明园四十景·方壶胜境
2.杭州西湖三潭映月（圆明园中方壶胜境曾仿此景）
3.杭州西湖平湖秋月（圆明园中平湖秋月曾仿此景）
4.圆明园四十景·平湖秋月

4

1

谐趣园

颐和园谐趣园曾仿无锡寄畅园建造，初名惠山园，为了求得空间和气氛上的对比，采取了内向的布局形式，呈环状的建筑都面向池水。

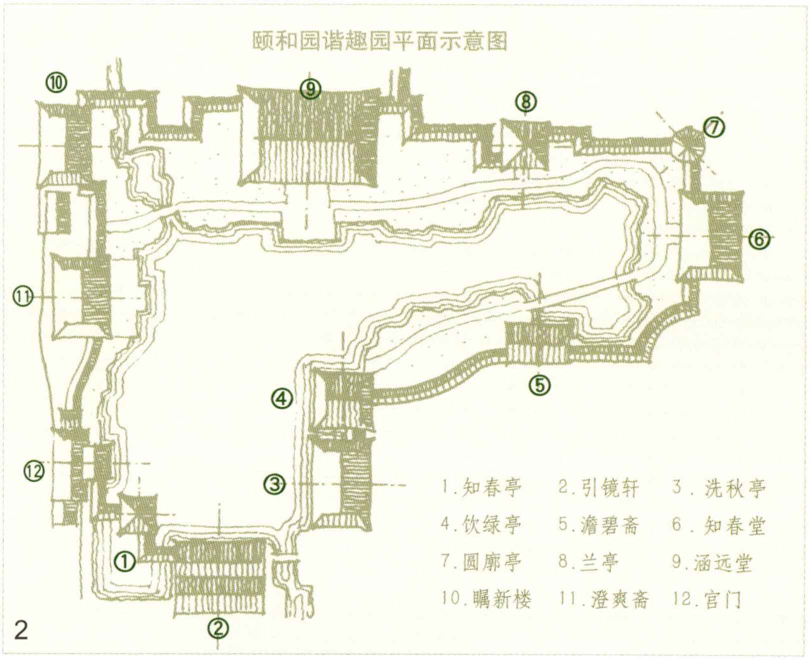

2

1.无锡寄畅园（颐和园中谐趣园曾仿此景）
2.颐和园谐趣园平面示意图
3.颐和园谐趣园全景图
4.颐和园谐趣园玉琴峡
5.颐和园谐趣园荷花

1.颐和园谐趣园知鱼桥
2.颐和园谐趣园寻诗径俯视
3.颐和园谐趣园由宫门遥望洗秋亭和饮绿亭
4.颐和园谐趣园南岸雪景
5.雍正行乐图
6.雍正行乐图

4

5

6

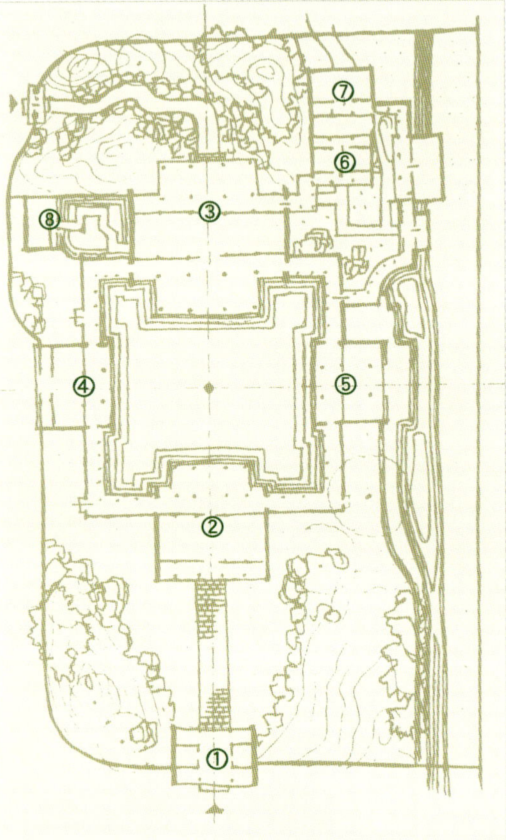

北海画舫斋平面示意图

1.宫门　2.春雨林塘　3.画舫斋　4.观妙室
5.镜香室　6.古柯庭　7.奥旷　8.小玲珑

1

2

2.寓意深邃的景题匾联

景题和对联借助文字来扩大园林景观鉴赏的深度和广度，是文学艺术与造园艺术相结合的造景手段。北京皇家园林集自然山水、建筑、诗词书画于一体，每处景点都有景题，重要建筑还往往是皇帝亲自题署。这些景名匾额用简明扼要的文字点出了景物的精华，将自然之美与人文之美完美地结合在一起，创造出了"虽由人作，宛似天成"的意境。北海的小园林画舫斋、濠濮间都是用典造景的精品之作。通过匾额的题写，升华了园林的主题，表达了乾隆皇帝要成为思想上的圣人、政治上的明君的远大抱负。同时，与景题相配的大量对联，更是以优美的文辞、细致的状写深化了园林的意境。

3

1.北海画舫斋平面示意图
2.从春雨林塘透过廊柱遥望画舫斋正殿。
3.北海画舫斋春雨林塘
4.北海画舫斋奥旷

1

画舫斋

建于乾隆二十二年（1757），由前院、主庭与古柯庭、小玲珑、后院等五组庭院组成，是乾隆精心创作并十分得意的园中园精品之一。该园的创作意匠借鉴中国古典园林的创作传统，通过集萃式引述历史典故和相关环境意象的创造性再现，使画舫斋成为寓意隽永的空间场所。奥旷隐喻心参天地；小玲珑蕴涵禅学智慧；古柯寓意古国旧臣；全园核心的画舫斋融会了《荀子》的“载舟覆舟”的政治理念，魏征对唐太宗“居安思危”的警示，欧阳修“穷也乐，通达也乐”的儒家精神；与之相对的春雨林塘是重农、勤民思想的体现。由此，儒家“修身、齐家、治国、平天下”的理想，沿着全园的空间序列依次展开，获得了园林空间的完美演绎。这是画舫斋的核心意境，也是乾隆的理想人生。

2

3

4

濠濮间

“濠”与“濮”均为中国古水名。据《庄子·秋水》载，庄子与惠施游于濠梁之上，庄子说：“鱼儿出来了，鱼儿真快乐。”惠施问：“你不是鱼，怎么知鱼之乐？”庄子反驳说：“你不是我，怎知我不知鱼之乐？”这一典故后来成为很多园林的创作原型。北海濠濮间效仿康熙在避暑山庄经营的“濠濮间想”，援引庄子濠上观鱼、濮水垂钓及晋简文帝游华林园感发“濠濮间想”典故，生动映射了古代文人追求“胸次悠然，直与天地万物上下同流”的精神境界。因此，该园林的经营，一方面刻意突出壶中天地的意向，另一方面以灵活自由的布局来张扬对心性自由的追求。

1.北海濠濮间全景　2.北海画舫斋楹联
3.北海画舫斋镜香楹联　4.北海画舫斋古柯庭楹联
5.北海濠濮间俯视示意图

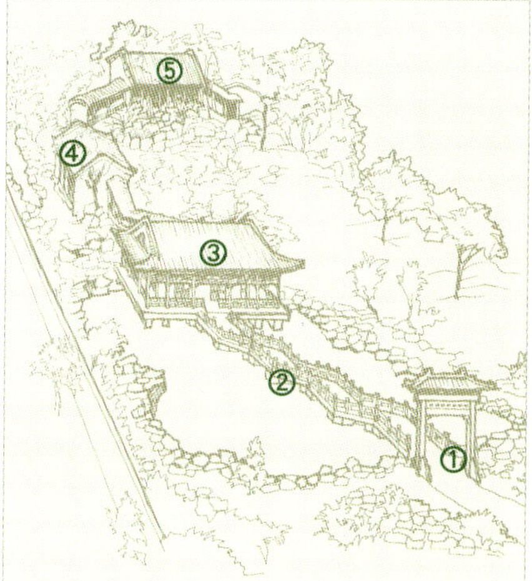

濠濮间俯视示意图

1.青石牌楼　2.九曲青石桥
3.濠濮间正殿　4.崇椒室　5.云岫厂

5

1

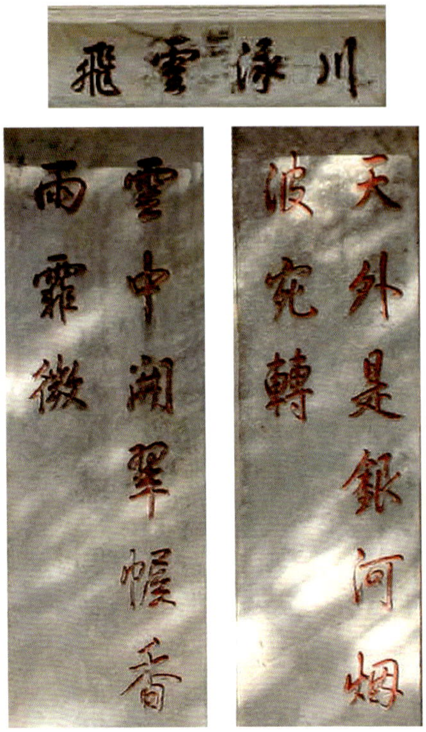

3

2

1. 北海濠濮间楹联
2. 北海濠濮间石牌楼
3. 颐和园养云轩楹联（乾隆手书）
4. 颐和园昆明湖石碑是园内最大的一块御碑。位于转轮藏前，碑座、碑帽及碑体四周镌刻图案。碑文四面阴刻皆为乾隆御笔，正面是“万寿山昆明湖”文字，两侧为乾隆御制昆明湖诗，背面有乾隆皇帝记述修浚昆明湖始末的《万寿山昆明湖记》。
5. 宝方阁的石牌楼

4

颐和园的楹联

大量的对联以优美的文辞、细致的状写来点染情景交融的意境。如：藕香榭的“台榭参差金碧里，烟霞舒卷画图中”；养云轩的“天外是银河烟波宛转，云中开翠幄香雨霏微”；宝云阁石牌楼上的“山色因心远，泉声入目凉”等都将园林景物进一步升华。

5

3.诗情画意的碑帖书画

碑帖书画是对园林诗情画意景题的升华，是园林创作活动在一定意义上的深化和延续。遍布园林中的诗碑、石刻，融诗文、书法等多种艺术手段为一炉，往往成为一种特殊的人文景观。为深化皇家园林的文化意境美，乾隆皇帝还十分重视传世墨宝的作用。避暑山庄的烟波至爽殿，圆明园坐石临流的“兰亭八柱碑”，北海琼岛的阅古楼，北岸的快雪堂，清漪园惠山园“寻诗径”东端的“墨妙轩”，长春园含经堂后的淳化轩等等，都是以保存古代稀有墨迹而闻名，成为包括陈列建筑在内的集萃式的大型书法景观。在园林营建的前后过程中，宫廷画师还同步创作了大量关于园林的画作，这些图画配以皇帝的咏园诗，构成了皇家园林创作与审美的另一重要方面。

1

2

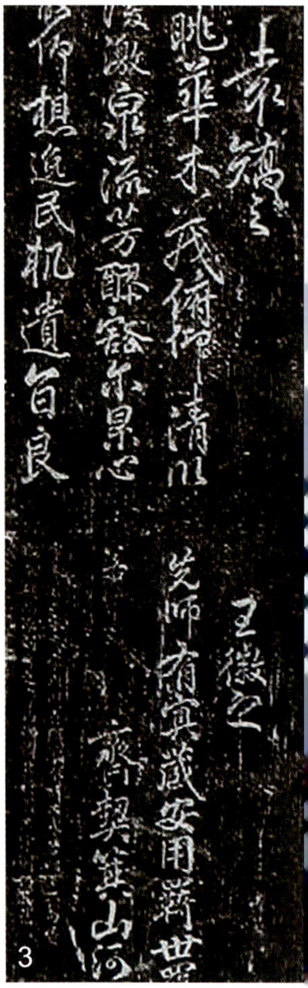
3

4

5

6

1.北海快雪堂碑廊将四十八方《快雪堂法书》嵌在东西廊壁上。
2.中山公园（社稷坛）兰亭八柱碑（原存圆明园）
3.中山公园兰亭八柱碑石刻
4.北海烟云尽态亭
5.北海烟云尽态亭额
6.北海烟云尽态亭石柱乾隆御笔石刻

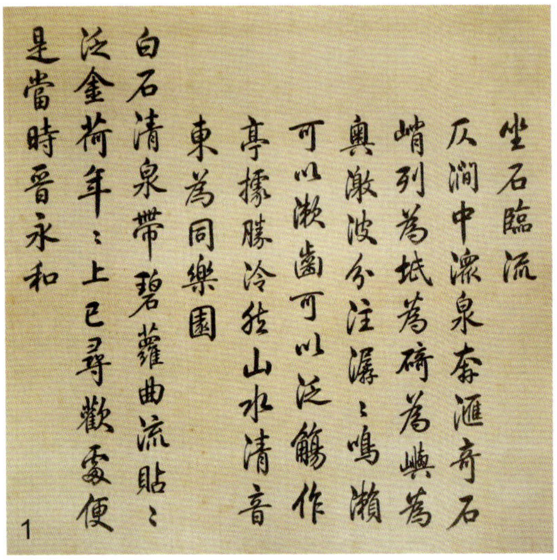
坐石臨流
仄澗中濴泉奔滙奇石峭列為坻為碕為嶼為奧激波分注潺潺鳴瀨可以漱齒可以泛觴作亭據勝泠然山水清音東為同樂園
白石清泉帶碧蘿曲流貼貼泛金荷年年上巳尋歡處便是當時晉永和

1

圆明园四十景

1736年，乾隆即位，他再一次扩展圆明园，并在它的东面建长春园，东南面建绮春园，到1745年又造景40处。遵照乾隆旨意，依据园内独成格局的40处园林景观，宫廷画师沈源画亭台楼榭，唐岱画山水树石，实绘了圆明园四十景图咏，每幅图配有乾隆皇帝一首对题诗，由工部尚书大书法家汪由敦代书，共计四十对幅，每对幅为左诗右图。

2

1.圆明园四十景·坐石临流诗咏（乾隆题）
2.圆明园四十景·坐石临流图
3.圆明园四十景·夹镜鸣琴诗咏（乾隆题）
4.圆明园四十景·夹镜鸣琴图

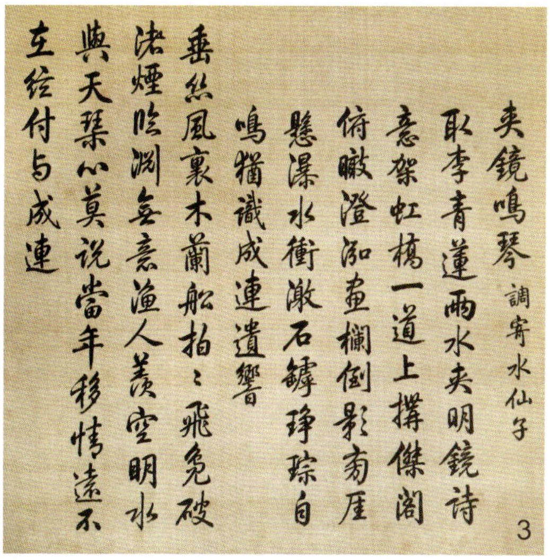

3

4

四、珍爱皇家园林

中国皇家园林是中华文化综合载体的组成部分，涵纳了传统的建筑文化、山水文化、宗教文化、膳食文化、楹联文化、中华美学等众多中国传统文化内容，并在三维立体空间中，创造出“虽由人作，宛自天开”的意境，形象、生动地将其展现出来。中国历代皇朝曾出现过许多煊赫一时的园林杰作，它们与其朝代兴衰相始终，大多被毁于朝代更替时的战火。唯有明清时期北京的皇家园林，虽浴战火，几经磨难，其遗存、遗迹，仍然较为完好地保存下来。其类型之繁多、内容之丰富，令世界艳羡。其中所蕴含的精神价值、思维方式、想象力，是我们的文化之魂、民族之根。我们有责任保护好这份珍贵的历史文化遗产。

世界上现存建园最早的皇城御园是北海公园，距今有800多年的历史，现被列入全国重点文物保护单位。王府园林的代表有醇亲王府花园、恭王府花园。历史遗迹园林中最著名的是圆明园，曾被誉为“一切造园艺术的典范”和“万园之园”，后因两次遭到帝国主义列强的摧毁和破坏，成为一片废墟，现在它被开辟为以爱国主义教育为主题的遗址公园。北京西郊著名的大型山林公园香山，曾是皇家园林，始建于1186年，园内现有全国重点文物保护单位碧云寺、市级重点文物保护单位静宜园、双清别墅和5800余株古树。什刹海公园、莲花池公园、陶然亭公园、紫竹院公园、玉渊潭公园都曾是历史上行宫御苑所在地，现园内仍然留存有大量古迹。

专类公园如北京动物园，曾是清代农事试验场（万牲园），现已成为中国开放最早、饲养动物品种最多、展出面积及展出种类均可跻身亚洲及世界大型动物园之列的专类公园。北京植物园是以专类收集、展示和保存我国东北、西北、华北地区植物资源为主，兼顾热带、亚热带植物的大型综合性植物园。它集科学研究、科学普及、游览功能于一体，园内有全国重点文物保护单位卧佛寺等古迹。

1998年，鉴于北京皇家园林的突出特色及对中国皇家园林的代表性，联合国教科文组织世界文化遗产委员会将“北京的皇家园林”作为一个单独条目，列入《世界遗产目录》，颐和园作为北京皇家园林的代表被首先登录在该条目下，得到了高度评价：

（i）北京的颐和园是对中国风景园林造园艺术的一种杰出的展现，将人造景观与大自然和谐地融为一体。

（ii）颐和园是中国的造园思想和实践的集中体现，而这种思想和实践对整个东方园林艺术文化形式的发展起了关键性的作用。

（iii）以颐和园为代表的中国皇家园林，是世界几大文明之一的有力象征。

这一评判高度地概括并阐明了“北京的皇家园林——颐和园”在中国、在东方、在世界的历史文化地位，也揭示了北京皇家园林作为北京的重要“历史文化资源”与古都历史风貌的密切关系。

在北京城市现代化建设进程中，皇家园林的地位日益突出，它不仅成为人们抚今追昔、溯本求源，在丰富的历史遗产中探索社会、检验时代、关照自我的依据，还使人们认识到，在皇家园林真切的历史环境中体味中华传统文化精髓，才能促使人们对自己生存于其中的社会的由来、存在和发展有更加宏观的把握，在宝贵的历史遗产中探求可歌可泣的民族精神，进而领悟历史、评价现实、展望未来。

圆明园鸟瞰图

(一)传承文明的功能变迁

作为850多年的历史都城，北京在其城市规划与建设中创造并为后人留下了灿烂的文化遗产。然而，即便在其最辉煌的时代，在帝都的城市规划与建设中也从来没有设计并提供过面向普通平民的城市公共空间。

公元1914年，随着北京中央公园的开放，其他皇家园林、坛庙也相继对公众开放。"昔日王谢堂前燕，飞入寻常百姓家"，皇家禁地成为公众休闲空间，完成了从皇家御用园到大众公园的角色转换。

近代公园的出现改变了北京传统的城市空间结构，是北京城市生活走向近代化的一个缩影。它的初衷是希望在喧闹嘈杂的城市中，为市民提供一个舒适宜人的休息环境，有益卫生，启迪民智，陶冶民德，集休息、娱乐、教育、运动、文化等功能于一身，满足市民放松自我、享受自然、接受教育、聚会交际、强身健体等多方面的需要。

新中国建立后，北京市人民政府在制订城市发展规划中，同时提出要改善城市生态环境和满足市民游憩需要。具体要求"把古迹名胜的保护利用，与建设公园绿地结合起来"。1952年起，在大量历史园林遗址的基础上，充分利用附近的丘陵、洼地和窑坑，开始创建起一批新兴公园，如：紫竹院、玉渊潭和陶然亭、北京植物园等，由于其丰富的皇家园林文化积淀，它们也被称为历史名园。目前，北京有21座历史名园，包括：颐和园、天坛公园、北海公园、中山公园、景山公园、香山公园、北京植物园、北京动物园、陶然亭公园、紫竹院公园、玉渊潭公园、圆明园、劳动人民文化宫、地坛公园、日坛公园、月坛公园、什刹海公园、宋庆龄故居、恭王府花园、莲花池公园、八大处公园。这些公园因为与历史上的皇家园林体系一脉相承，多已被列入国家或市级文物保护单位，有的甚至列入《世界遗产名录》，成为北京历史文化名城的特色名片。在北京向现代化国际大都市迈进的过程中，相信北京皇家园林无可替代的重要价值和社会功能会更加显露出她应有的独特魅力。

这是我们的期盼。

1

1.充满活力的历史名园

随着清王朝的覆灭，北京皇家园林结束了帝王禁苑的历史，开始了作为历史名园的新篇章。它在延续游览功能的同时，又在更多方面显现出无可替代的价值。在北京向国际大都市迈进的进程中，历史名园正焕发出勃勃生机。

1. 北海以其深厚的文化底蕴，融入现代化北京的大环境中。
2. 游人在北海九龙壁前合影留念（20世纪30年代摄）。
3. 少先队员在北海的合影（1952年摄）。

1.香山卧佛寺　2.香山琉璃塔
3.香山流憩亭　4.香山双清别墅

1

2

3

4

1

2

2.揭去面纱的皇家坛庙

北京的"九坛八庙"曾是昔日的皇家祭祀场所，现都已被列为国家重点文物保护单位，得到了较为完好的保护。这些揭去皇权神秘面纱的坛庙园林，不仅成为北京皇家文化的重要保存地，而且茂密的苍松古柏群还为文化北京撑起一片绿色的天空，成为市民开展文娱活动的场所。

1. 太庙（劳动人民文化宫）位于天安门东侧，按帝都"左祖右社"规划设计，每年皇帝生辰、清明节、皇帝的忌日在此致祭，岁末举行袷祭。
2. 太庙铁树开花。
3. 社稷坛（中山公园）位于天安门西侧，按"左祖右社"的帝王都城设计原则，于紫禁城右侧兴建社稷坛，1914年辟为公园。
4. 社稷坛迎晖亭

3

4

1. 天坛祈年殿内景　天坛是圜丘坛、祈谷坛的合称，为明、清两代皇帝“三孟”亲祭（孟春祈谷，孟夏祈雨，孟冬祈天）的场所，是世界上最大的祭天建筑群。
2. 日坛，又称朝日坛，是皇帝举行祭礼的地方。
3. 月坛，又称夕月坛，是明、清两代皇帝祭祀夜明之神和诸星宿神的地方。
4. 地坛牌楼
5. 地坛，是明、清两代皇帝祭祀地神的场所。

2

3

4

5

(二)精心呵护的文化瑰宝

1860年，北京的皇家园林遭受了一场毁灭性浩劫，英法联军放火烧毁了三山五园。劫后，清朝政府曾下令重修圆明园，但终因国库空虚、朝廷内意见分歧而未完成。光绪十四年（1888），清漪园得到部分修复，并作为慈禧太后"颐养天年"的离宫而改名为"颐和园"。1900年，八国联军攻占北京，已经是断壁残垣的圆明园再次遭到劫掠，颐和园先后被英、俄、意等国侵略军进驻达一年之久，园内珍贵文物被抢、建筑被破坏。如此烧了修，修了烧，加上清朝的国势已江河日下，软弱的政府再也无力保全这些珍贵的园林了。

进入民国时期（1911—1949），由于战乱不断，许多园林遗址无人看护，贪官、兵痞、流民长期抢占、拆毁、盗卖，致使像圆明园这样的珍贵残园也一度成了"石料场"。很多园林遗址连断壁、残柱、砖瓦都所剩有限，稍微完整的石头、石雕与石狮子都被搬走了。

1949年，中华人民共和国成立，北京皇家园林的保存和修复受到了应有的重视，也得到了维护和建设。进入80年代以后，随着国家经济和文化的发展，皇家园林的保护开始进入一个崭新的历史时期。大量被侵占的园林绿地和建筑被归还给公园，破坏园林意境的违章建筑被逐步拆除，原有山形水系得到恢复，古树名木依法得到保护，植物栽植和养护按照园林意境的要求逐渐调整，一些重要古建筑和景区被复原，与保护相关的法律、法规和标准逐步形成体系。

进入新世纪，为使文化遗产在现代化进程中继续放出光彩，政府明确提出：把文物保护、历史文化名城保护提高到与发展并重的高度，按照建设世界级历史文化名城和"绿色奥运、科技奥运、人文奥运"总体要求，使保护历史文化遗产与城市发展形成良性循环、和谐并进的局面。财政投入巨资，对圆明园、颐和园、北海、天坛和故宫内苑等皇家园林进行了大规模的修缮。目前，天坛祈年殿、颐和园佛香阁、北海白塔这些北京城市形象的代表性建筑，已经修葺竣工，正重新向世界展现北京皇家园林的独特风貌。

1

2

1. 故宫建福宫花园遗址
2. 圆明园狮子林遗址
3. 圆明园方壶胜境遗址
4. 复建后的建福宫主殿

3

1.再逢盛世的皇家园林

百年求索，中华崛起，再逢盛世的北京皇家园林，得到了有效的保护和利用，真实性和完整性进一步恢复。洗去历史的尘垢，皇家园林遗产重新焕发出夺目的光辉。

（1）浴火重生的建福宫花园

始建于乾隆五年（1740），毁于宣统皇帝溥仪搬出紫禁城前夕的一场神秘大火。80多年来，建福宫花园废墟一直是故宫"火场遗址"。自2000年5月建福宫花园复建工程开工，2005年11月竣工。

（2）历尽沧桑的圆明园遗址

圆明园遗址现为全国重点文物保护单位。经过多年整修，遗址公园已初具规模，大部分山形、水系和植被得以恢复，再现了山水相依、烟水迷离的江南景致。福海景区和绮春园内的少量园林建筑重现昔日光彩，一些重要遗址得到保护整修，形成了以西洋楼为代表的宏大遗址群落。

4

1

(3) 完整保护的世界遗产颐和园

从20世纪80年代开始，颐和园陆续完成了昆明湖清淤和万寿山环境治理，恢复了四大部洲、苏州街、景明楼、澹宁堂和耕织图景区。整治后的耕织图文化景观，最大限度地保存了它的历史文化内涵和有价值的遗迹，较为客观地保护了颐和园园林格局的完整，延续了清漪园时期极其重要的景观风貌，成为现存清代皇家园林中唯一表达农事主题的文化景观。

2

3

1.颐和园耕织图景区新貌

2.颐和园耕织图景区（民国时期老照片）

3.颐和园耕织图延赏斋景区

4—11.乾隆版《耕织图》石刻　乾隆版《耕织图》石刻是清漪园（后为颐和园）耕织图景区中最重要的人文景观。此石刻图画精美，书法流畅，艺术性地展现了中国古代男耕女织的场景，反映了乾隆重视农桑、体恤民情的治国思想和帝王情怀：

4.浸种　5.耕　6.灌溉　7.簸扬（此四图为耕）

8.炙箔　9.窖茧　10.织　11.经（此四图为织）

4

5

6

7

8

9

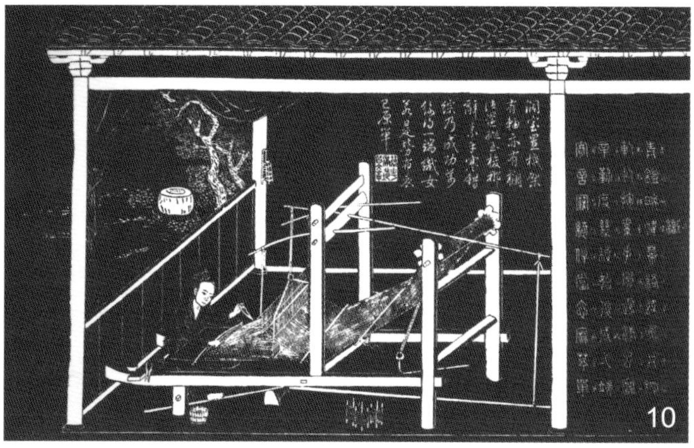
10

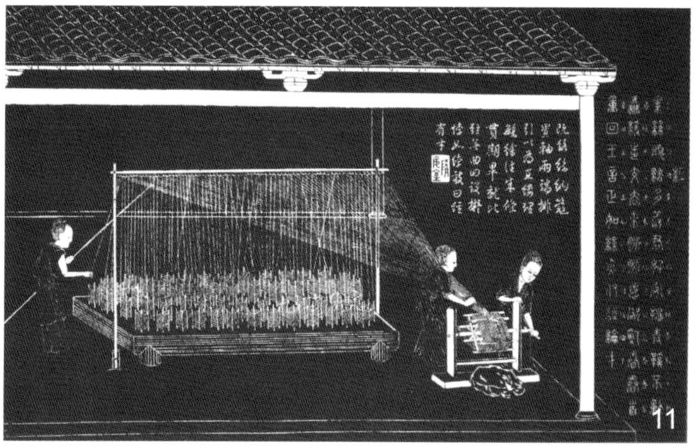
11

1.香山静翠湖　2.香山玉华岫
3.香山翠微亭　4.香山璎珞岩景区

3

2. 名山茂林护佑园林胜迹

清代的许多皇家行宫都建在一些著名的风景区内。它们的建设促进了历史名山的发展，丰富了文化景观的内涵。在后来的沧桑巨变中，原有的行宫虽然遭到不同程度的毁坏，但业已形成的皇家园林文化环境却得到山林的庇护，留下了大量可以寻踪的胜迹。

（1）千年香山景愈丰

静宜园的园林环境与意境，正在逐步恢复。陆续开放了翠微亭、璎珞岩、知乐濠、隔云钟、听法松等景点；整修了见心斋、香山寺遗址、碧云寺罗汉堂等建筑；复建了玉华岫、香雾窟和勤政殿等几组景区。今天，中外驰名的香山不仅以红叶招来八方游客，还以其丰富的人文景观展示着独特的诗情画境。

4

(2) 风景名胜数盘山

乾隆皇帝“法皇祖避暑山庄之例”敕令兴建的静寄山庄(又称盘山行宫),位于天津蓟县盘山南麓,是清代北京以外规模仅次于避暑山庄的第二大皇家行宫园林,堪称避暑山庄的“姊妹篇”。历经沧桑,该山庄虽已毁圮,但遗址仍然十分完整,并传世有翔实的相关文献图籍。它丰富的人文背景和所蕴含的文化现象,已经成为盘山国家级风景名胜区的重要文化资源。

1

2

3

4

1. 乾隆御题
2. 从盘山最高峰眺望桂月峰景观。
3. 清人绘盘山行宫图。
4. 始建于明代的太平禅师塔。
5. 云楼梨影，“云楼”即卧云楼，雨霁，祥云穿窗而得名。“梨影”指小桥流水，池映戏楼。清乾隆皇帝曾赏戏于此。

5

1

2

3

3.历史环境的持续利用

新世纪北京的遗产保护又有了新的理念，不但关注遗产本体，还将保护的对象扩展到遗产所依存的生态环境和文化环境，采用了积极的规划设计手法，实现了遗迹环境的可持续利用。

(1) 新兴的历史文化公园

北京历史上曾显赫一时的很多皇家园林在城市的沧桑巨变中消失，有的仅余少量遗迹。为留住这些美好的历史记忆，北京在原遗迹的范围内，兴建了一批历史文化公园。紫竹院公园为昔日的皇家行宫营造了一片清新的净土，莲花池公园再现了辽、金时代的原始风光与水趣，菖蒲河、皇城根、元大都遗址等公园开拓了探寻历史的空间。

1. 玉渊潭公园
2. 莲花池公园
3. 菖蒲河公园
4. 明城墙遗址公园
5. 明城墙遗址公园雪景
6. 元大都遗址公园

4

5

6

1

2

(2) 北大、清华校园里的园林遗迹

北京大学校园早在金代就成了京郊著名的风景区，同时又是明清两代封建帝王的"赐园"。风景秀丽的未名湖一带，是清代宠臣和珅随着圆明园的营造而开发的淑春园，另外还有朗润园、蔚秀园、鸣鹤园、镜春园等。清华大学的校址原来也是圆明园的一部分，称熙春园，道光年间分为熙春园和近春园，咸丰年间改名为清华园。现两所校园内的遗迹都得到了有效保护，并成为两所名校历史文脉的组成部分。

1. 未名湖畔塔影
2. 北京大学西门
3. 圆明园遗址（清华园）
4. 圆明园遗址（水木清华）

3

4

从玉泉山俯视颐和园

后　记

值此百花盛开的美好时节，《文化北京图卷》系列丛书之一《皇家园林》终于付梓了。《文化北京图卷》从文化分类学角度对北京文化的不同领域进行探讨，是“用图来说文化”的一套大型画册。从图卷的整体框架到各分册的提纲和内容确定，都经过几位顾问、专家、学者和编者反复推敲琢磨，几易其稿而成。

中国的皇家园林艺术是中华民族的骄傲，在世界文化宝库中占有不可低估的位置。在中华文化复兴的今天，我们更应该体会其厚重，挖掘其精华。在此画册的编纂过程中，我们力求将科学性与艺术性熔于一炉，将皇家园林中的精美景致与学者们的诸多研究成果精心糅合；我们力求克服学术著作冗长枯燥的缺憾，通过精美的图片向读者传递大量文化信息，详尽介绍皇家园林艺术的种种特点，使学者与广大读者从心灵上得到沟通。

读者在欣赏画册的同时，能真实地品味皇家园林艺术的韵味和意境，是我们最大的心愿。当然，我们的意图能否实现，则要接受读者的严格检验。在此，我们恳请广大读者和专家不吝指教，提出宝贵意见。

本书编辑过程中得到颐和园、北海、香山、故宫、紫禁城出版社、首都博物馆、避暑山庄、圆明园、太庙、国家博物馆、天津大学建筑学院、中山公园、玉渊潭公园、东城区园林局、北京公园绿地协会、小汤山疗养院等单位的鼎力相助，在此一并表示感谢。

《皇家园林》编委会

二〇〇八年三月

图书在版编目（CIP）数据

皇家园林 / 高大伟，范贻光主编.—北京：学苑出版社，2008.5

（文化北京图卷 / 齐心，范贻光主编）

ISBN 978-7-5077-3035-7

Ⅰ. 皇… Ⅱ. ①高…②范… Ⅲ. 古典园林－北京市－画册 Ⅳ. K928.73-64

中国版本图书馆 CIP 数据核字（2008）第 031963 号

责任编辑：刘 丰　陈 俊

装帧设计：北京朱雀艺术发展公司

出版发行：学苑出版社

社　　址：北京市丰台区南方庄二号院一号楼

邮政编码：100079

网　　址：www.book001.com

电子信箱：xueyuan@public.bta.net.cn

销售电话：010—67675512　010—67602949

经　　销：全国书店

印　　刷：北京翔利印刷有限公司

开本尺寸：889 × 1194　1/16

印　　张：13.25

版　　次：2008 年 5 月北京第 1 版

印　　次：2008 年 5 月北京第 1 次印刷

定　　价：120.00 元